Être ...

Heureux ...

Comment ...?

Ouvrages du même auteur

Éditions ARKHANA VOX

- ***"Cancer, Mon Chemin de Guérison, De la phase terminale à la Renaissance", 2001***
- ***"Les 9 Mots Clefs de Guérison", 2007***

Françoise Gérard

Être ...

... Heureux ...

... Comment ...?

ÉDITIONS ARKHANA VOX

ARKHANA VOX ÉDITEUR - FRANCE
ISBN : 978-2-9065-8851-6

♦

DISTRIBUTION D.G. DIFFUSION
Z.I. de Bogues
31750 ESCALQUENS
TÉL. 05 61 000 999 - FAX 05 61 00 23 12

♦

Conception graphique initiale
de la couverture
***ELLHÉA* - artiste peintre**

♦

Je dédie ce livre
aux trois âmes
qui, en cette vie, m'ont choisie
pour s'incarner sur cette planète
et qui,
par leur Présence,
m'ont révélée à moi-même
et
m'ont rapprochée
du

JE SUIS.

Qu'elles soient bénies !

REMERCIEMENTS...

C'est un immense Merci que j'adresse, du plus profond de mon Être, aux nombreux lecteurs du premier ouvrage que j'ai eu la joie d'écrire et de voir publié en janvier 2002, sur mon expérience de la guérison du cancer.

Ce témoignage d'une merveilleuse alchimie, au cœur d'une phase terminale dans laquelle **le PARDON à moi-même et la RÉCONCILIATION avec celui qui fut mon père *en cette incarnation*, et avec tous ceux qui m'ont fait souffrir, ont pris une large place**, a totalement bouleversé mon regard sur la vie.

En effet, chers lecteurs, grâce à votre volumineux courrier, vos nombreux appels téléphoniques et vos paroles chaleureuses, vous m'avez tous communiqué un nouvel enthousiasme afin que, dans l'allégresse, je poursuive ma route. Je suis vraiment très heureuse de constater combien ce témoignage de transformation, tant intérieure qu'extérieure, a su réchauffer vos cœurs et vos âmes, en vous donnant *"l'envie de VIVRE"* une nouvelle vie.

C'est ainsi qu'animés d'une autre conscience, d'un regard neuf et plus neutre, face à vous-mêmes, face aux êtres qui, pour vous, ont *"joué"* le rôle de parents, face à tous ceux que vous avez côtoyés ou croisés sur votre chemin, face à tous les êtres humains et au monde qui vous entoure, vous avez, pour beaucoup, réalisé qu'***IL SUFFIT DE CONNAÎTRE, DE RESSENTIR, D'AGIR, DE CROIRE ET D'AIMER, EN SOI ET AUTOUR DE SOI***, pour que votre vie devienne une Œuvre d'Art.

À vous tous je suis unie.

À présent, c'est du fond du cœur que je remercie toutes les personnes qui, avec tant d'Amour et de patience, ont participé à la réalisation de ce nouvel ouvrage. Par leur précieuse collaboration, leur attention bienveillante et leurs conseils éclairés, que ce soit lors de la frappe ou lors de la relecture, elles ont été le témoignage vivant du mot *respect*, si important dans un partage.

Ma reconnaissance est toute particulière envers Brigitte qui, de nouveau, a accepté de m'accompagner dans la mise en page de ce troisième ouvrage.

Toutes ces personnes sont très chères à mon âme. Je les enveloppe de ma tendresse et de mon Amour.

Merci à toutes. Soyez bénies !

Merci aussi à vous tous qui lirez ces pages. Puissions-nous, *ensemble*, grandir dans l'Amour Infini !

Et surtout je rends Grâce à La Divine Source d'Inspiration qui a éclairé mon âme pour écrire ce manuscrit. Je souhaite du plus profond de mon cœur qu'il soit porteur de Joie et de Paix, afin que chacun connaisse le Vrai Bonheur d'ÊTRE.

TABLE DES MATIÈRES

PREMIÈRE PARTIE

ÊTRE ...

DEUXIÈME PARTIE

HEUREUX ...

TROISIÈME PARTIE

COMMENT ... ?

ÊTRE ... HEUREUX ... COMMENT... ?

Puisse La Pure Lumière

Inonder Cet Ouvrage,

afin que le Cœur et l'Âme

de Tous Ceux

qui parcourront ses pages

soient Bénis et Illuminés,

Grâce à La Communion

avec Leur Dieu Intérieur !

AVANT-PROPOS

*U*ne cicatrice peut devenir magique…

*U*ne cicatrice peut nous avoir fait toucher l'illusion de la mort, pour nous faire "NAÎTRE" à la RÉALITÉ SUBLIME DE LA VIE…

*U*ne cicatrice peut nous permettre de découvrir le vrai sens du "JE SUIS".

Oui, aujourd'hui, je bénis la cicatrice qui, en refermant et reconstruisant la chair de mon sein gauche, en cette "Divine année 1986", a su transcender les blessures de mon cœur et de mon âme.

Oui, aujourd'hui, je chéris cette cicatrice qui, au Centre de mon être, près du thymus et si proche de mon cœur, témoigne de la Force de l'Amour DIVIN œuvrant dans la matière.

Cette cicatrice n'est-elle pas le symbole de la victoire de la Lumière sur l'ombre ? La plaie du sein, de plus de 10 cm de diamètre, s'est refermée définitivement et de façon *"spectaculaire"* (terme employé dans le dossier médical) - le sein s'étant entièrement reconstruit - sans radiothérapie, ni intervention chirurgicale, avec quelques séances de chimiothérapie et l'aide de médecines alternatives, laissant apparaître une cicatrice en diagonale d'environ 4,5 cm de long, le 8 mai 1986, jour de l'Ascension et fête de la Victoire. Aussi, ne clame-t-elle pas la Gloire de DIEU en chacun de nous, magnifiant Sa Présence et Sa Puissance, permettant la Véritable Renaissance d'une entité qui *"enfin"* a choisi D'ÊTRE ?

"Voici que je fais toutes choses nouvelles." (Ap 21/5)

F…

Françoise Gérard

INTRODUCTION

Huit années viennent de s'écouler depuis la parution du premier ouvrage *"Cancer, Mon Chemin de Guérison, de la phase terminale à la Renaissance"...*

Huit années jalonnées de nombreuses aventures et expériences, générant des initiations fort constructives, qui m'ont permis de me *"poser à nouveau"* face aux limites et aux ressources de cette personnalité que j'ai choisie pour m'incarner...

Huit années qui m'ont, surtout et avant tout, révélé combien ce lien sacré que j'entretiens constamment avec l'Énergie Divine, la Source d'Amour Infini de l'Univers appelée DIEU, me comble de grâces et me permet, au-delà des apparences, de réaliser le sens du "JE SUIS".

C'est pourquoi, aujourd'hui, avec une immense joie, je décide de partager ce merveilleux chemin.

- Une page se tourne avec reconnaissance...
- Un nouveau livre peut maintenant s'ouvrir...
- Une autre marche va être franchie...

- Une plus profonde aspiration est ressentie, "en moi", pour l'UNITÉ AVEC LE TOUT...
- Les mots *"RESPONSABLE MAIS NON COUPABLE"*, face au programme d'éveil accepté par mon âme, détrônent largement les mots *"COUPABLE et VICTIME"*, si destructeurs au cours d'une vie...
- *Le REMERCIEMENT et la LOUANGE* supplantent généreusement le PARDON...
- *L'OFFRANDE* du présent est devenue ma clef de vie...
- *"Le VIVANT"* prend désormais sa place et son véritable sens, loin des dogmes, des croyances anciennes, des schémas erronés, des mémoires encodées, de toutes cristallisations, là où TOUT EST ILLUSION et nous enchaîne au passé.

L'heure est venue, pour Tous, de VIVRE PLEINEMENT, ICI ET MAINTENANT, chaque goutte de ce présent, dans la transmutation de la souffrance, en **CONSCIENCE D'ÊTRE TOUT SIMPLEMENT CE QUE NOUS SOMMES, EN TANT QUE CRÉATEURS ET OBSERVATEURS**, sans culpabilité, sans accusation, sans jugement, sans condamnation, sans peur.

Il est temps de **réaliser enfin** notre Véritable Appartenance au Grand TOUT, et de **cesser de nous identifier** à cette personnalité qui semble être la nôtre, ainsi qu'à cette lignée biologique qui ne nous appartient pas, ne constituant qu'**un vaste terrain "d'apprentis...sage"**.

Combien d'entre nous sont *attachés démesurément* à leur lignée terrestre, y cherchant sans cesse des repères, considérant que là se situent leurs seules références ! Et combien souffrent de cet attachement qui les rend fragiles, esclaves de mémoires qui n'ont plus raison d'être !

Pourtant...

- Combien d'Êtres éveillés ont tenté, au cours des âges, de soulever les voiles devant nos yeux !

- Combien d'écrivains se sont penchés sur notre Véritable Identité[1] !
- Combien de manuscrits ont été publiés sur ce sujet !
- Combien de livres, concernant notre évolution spirituelle, sont passés entre nos mains !

Cependant...

- Combien d'informations et de leçons avons-nous vraiment intégrées ?
- Sommes-nous devenus le témoignage "VIVANT" de tous ces enseignements qui, depuis des siècles, nous sont prodigués ?
- Choisirons-nous un jour de quitter le banc des assistés de la troisième dimension, en nous éveillant à une nouvelle conscience qui nous conduira à la responsabilité de nos créations, et nous ouvrira à l'Amour Inconditionnel ?

Pourquoi hésiter à manifester cette Suprême Énergie de Vie, cette Source d'Amour Infini, cette Présence Lumineuse qui nous anime, nous alimente, nous dynamise et nous permet de VIVRE, afin de pouvoir, dans la joie, **RÉINTÉGRER NOTRE LIGNÉE DIVINE** ?

Comme l'a si bien dit André Malraux :

"LE 21ÈME SIÈCLE SERA SPIRITUEL OU NE SERA PAS."

[1] *Voir bibliographie :* Baird T.R. Spalding, *"Ultimes Paroles", Éd. Robert Laffont.*

Le moment ne serait-il pas venu de chercher à comprendre ce que ces mots veulent dire ? Sinon, combien d'épreuves et de souffrances nous seront encore nécessaires pour accéder aux autres dimensions et, ainsi, prendre réellement conscience de **notre Véritable Identité, qui EST DIVINE** ![1]

Le terme "spirituel" dérange énormément ; il se réfère souvent à une religion particulière, alors que **la Vraie Religion est la Religion de l'Amour Universel**. Le mot spirituel n'est en rien dogmatique : il n'est pas relié à une confession, mais à la Source d'Énergie d'Amour Divin qui anime la Création.

La Vie Spirituelle, ce n'est pas appartenir à une religion déterminée, c'est LA LIBÉRATION de tout besoin d'acquérir sans cesse, de s'approprier, de s'attacher à tout et à tous, de vouloir, de pouvoir, d'obtenir tout, de combattre, de dominer, de toujours gagner, d'être les premiers, persuadés d'être les meilleurs ou d'aspirer continuellement à le devenir... **C'est Choisir d'Aimer.**

La Vie Spirituelle, c'est la CÉLÉBRATION JOYEUSE DE LA VIE.

Lorsque nous lâchons prise, n'essayant pas d'imposer notre volonté à la vie, **EN VIVANT L'INSTANT PRÉSENT,** ***dans l'accueil, la neutralité, le discernement, la vérité,*** **TOUT DEVIENT MAGIQUE** ; l'harmonie se fait instantanément entre notre corps, notre cœur, notre esprit, notre âme et la vie ; tout se déroule et s'accomplit, pour le meilleur, comme par enchantement. Ce sont seulement nos peurs, nos résistances, nos mensonges à nous-mêmes, et nos refus à ce que nous propose la vie, qui créent nos frustrations, nos souffrances et nos maladies.

---

[1] *Voir bibliographie :* Marie Élia, *"Rencontre avec La Splendeur – Le Pouvoir Guérisseur des Lettres Hébraïques ", Éd. A.L.T.E.S.S. Paris.*

LA VRAIE SPIRITUALITÉ

C'est prendre conscience
du Lien qui nous relie constamment
à Cette Source d'Amour Infini
qu'est l'Énergie Suprême de l'Univers
appelée DIEU,

dans chacune de nos pensées,
dans chacune de nos paroles,
dans chacune de nos actions.

C'EST

LA RECHERCHE CONSCIENTE

ET DÉTERMINÉE

DE LA PRÉSENCE DIVINE

EN NOUS

ET

EN TOUT.

Le mot DIEU fait peur et dérange beaucoup, mais dans ce mot, il est essentiel d'entendre le mot AMOUR. L'Amour EST DIEU. DIEU EST AMOUR. L'Amour EST EN TOUT, bien au-delà de l'apparence. Ce sont simplement nos consciences qui sont obscurcies.

Comme l'a écrit Baird T. Spalding, l'auteur de *"La Vie des Maîtres"*, dans son ouvrage *"Ultimes Paroles"* [1] :

"La Divinité signifie que DIEU est dans toutes les choses et dans toutes les formes. Le Christ signifie le pouvoir de réaliser cette divinité à l'intérieur de soi-même. Nous pouvons donc voir le Christ dans tous les visages et dans toutes les formes. Ce fut l'une des toutes premières affirmations de Jésus. ...Or quand vous cherchez un maître à l'extérieur, vous oubliez tout du maître intérieur. L'humanité a commis sa plus grande erreur en recherchant DIEU à l'extérieur ou en essayant de l'apercevoir. Pourquoi ? Parce que vous cherchez au-dehors ce qui EST en VOUS. ...Quand vous dites que vous ÊTES CELUI-LÀ, vous l'êtes chaque fois. Dès que vous employez le mot "DIEU" avec compréhension, croyance et connaissance, vous établissez la plus haute vibration connue aujourd'hui... Le plus grand mot est le mot "DIEU". Pourquoi ? Nous pouvons vous démontrer que ce mot vibre au taux de 186 milliards de battements par seconde...".

Certains lecteurs du livre *"Cancer, Mon Chemin de Guérison, de la phase terminale à la Renaissance"* ont été surpris de la place importante que prenait ma relation "au DIVIN", "à DIEU", en tant qu'ÉNERGIE SUPRÊME, dans la maladie et dans la vie. Mais, je puis dire que sans cette relation constante avec Le Christ, Cette Source d'Amour Infini, Cette Présence Divine qui nous habite, je n'aurais jamais réussi à sortir glorieuse de *"cet enfer"* et à vivre la régénération TOTALE de mon être.

Depuis 1986, époque de la guérison, j'entretiens une réelle fusion

---

[1] *Voir bibliographie :* Baird T. Spalding, *"Ultimes Paroles" et "La Vie des Maîtres", Éd. Robert Laffont*

avec toutes les cellules de ce corps que j'ai choisi pour traverser l'Océan de la dualité, et je suis vraiment comblée de pouvoir bénéficier de cette prodigieuse Énergie dont m'a fait grâce La Vie, qui est "LUI". J'essaye aussi, chaque jour, de prendre conscience du DIVIN en TOUT, que ce soit dans les végétaux, que je respecte profondément, les minéraux, auxquels je suis très reliée, les animaux, avec lesquels je communie aisément, les êtres humains, que je considère comme des frères et sœurs de l'Univers, qu'ils soient connus ou inconnus, quelles que soient leur race, leur appartenance, leur religion, sachant que, tout comme moi, ils ont accepté de venir en *"expérimentation"* sur cette planète. Je me sens aussi, de plus en plus, en harmonie avec les éléments : la terre, l'eau, le feu, l'air et l'éther, me reliant quotidiennement à eux par ma respiration consciente(1).

C'est d'ailleurs à la suite d'une Initiation *"aux quatre Éléments"* (vécue en Amérique du Nord il y a un certain nombre d'années), que j'ai réalisé la place que prenaient ces éléments *"en nous"*, et l'importance qu'il y avait de les vénérer, les ayant auparavant toujours imaginés à l'extérieur de moi.

C'est ainsi que, au cours de mes nombreux voyages, tant en France qu'à l'étranger (les Philippines, la Suisse, l'Autriche, l'Espagne, l'Inde, l'Amérique du Nord : le Canada et le Québec, le Proche Orient : Israël, la Palestine et la Jordanie, la Californie, tout particulièrement la Montagne Sacrée : *le Mont Shasta*(2)), la vie m'a permis, au fil de mes recherches, de mes études et de mes différentes formations, de rencontrer et de connaître des êtres de toutes origines, pour certains, de confessions diverses (Père Jésuite, Frères Franciscains et Orthodoxes, Moines Cisterciens, Lamas Tibétains, Révérend Philippin, Sages Hindous et autres, Archevêque Canadien, Philosophe, Chamans Amérindiens, etc…) et pour d'autres, de formation scientifique (chercheurs, biologiste, astro-physicien, médecins, thérapeutes, etc...). Tous ont contribué, au travers de certaines

(1) *"Cancer, Mon Chemin de Guérison…", Chapitre : "La Respiration", Éd. Arkhana Vox, 2001.*

(2) *Voir bibliographie :* Aurélia Louise Jone, *"Telos, tomes 1 et 2", Éd. Ariane.*

révélations et certains échanges, à ce que des voiles soient soulevés devant mes yeux, sans compter les nombreux malades croisés depuis ma guérison qui, à eux seuls, m'ont beaucoup éclairée.

Alors j'ai pris conscience que

POUR TROUVER LA VÉRITÉ

il est inutile de parcourir le monde en cherchant un Maître à l'extérieur de Soi.

L'Essentiel, l'Ultime Vérité, **LE MAÎTRE, EST EN NOUS, ICI ET MAINTENANT** dans chaque goutte de notre présent, et c'est à chacun de nous de **LE DÉCOUVRIR EN LE MANIFESTANT DANS LE "JE SUIS"**.

LE MEILLEUR GOUROU... C'EST LA VIE.

C'est la raison pour laquelle ma plus profonde aspiration est de **Ressentir l'Énergie Divine** à travers tout mon être, et de **Devenir le témoignage vivant de SA PRÉSENCE EN MOI**, en voyant DIEU, le CHRIST, en tous et en tout ce qui vit.

Ce but ultime de mon âme me donne accès à une grande liberté d'ÊTRE. C'est ainsi que *"la louange"* et *"la bénédiction"* font partie intégrante de ma vie, et elles me font connaître de très grands moments de bonheur intérieur.

♦

Tout au long de ces pages, c'est un merveilleux voyage vers la liberté retrouvée "d'OSER ÊTRE TOUT SIMPLEMENT CE QUE NOUS SOMMES", que je vais entreprendre avec vous.

Puissions-nous, ensemble, partager dans la Conscience et l'Amour, la Rencontre avec Cette Essence Sublime, Cette Lumière Divine, Cette Prodigieuse Intelligence, Cette PRÉSENCE qui vit en nous et QUI EST TOUT. Elle "seule" peut nous délivrer de cet étau qu'est l'ignorance, qu'inconsciemment nous entretenons depuis des âges. Là se trouve la clef de la délivrance, qui permettra à chacun d'entre nous, de retrouver la Vraie Paix intérieure et la Joie de VIVRE "L'UNION AVEC LE TOUT".

Je vous aime

et vous accompagne avec Bonheur

dans ce Divin Périple.

F...

Françoise Gérard

Être ...

Heureux ...

Comment ...?

Sois

Celui que tu Es,

ni plus, ni moins,

mais Sois Celui-là.

Peter Altenberg

PREMIÈRE PARTIE

ÊTRE ...

AU-DELÀ DE L'APPARENCE,

VIT L'Être,

Pure Essence Indicible

Pure Présence Invisible

Pure Lumière Indestructible

QUI DEMEURE AU CŒUR

DE TOUTE FORME

ET DE TOUTE CHOSE.

ÊTRE ...

- **APPRENDRE À SE CONNAÎTRE**
- **L'ATTENTION**
- **L'INTENTION**
- **L'APPROPRIATION**
- **L'ATTENTE**
- **L'ADAPTATION**
- **LA COMMUNICATION**
- **L'ACTIVISME :**
  - **AGIR...**
    - ***en Soi***
    - ***pour Soi***
    - ***par Soi***
  - **CRÉER...**
- **ÊTRE SOI**

Être ...

C'est être Conscient
de ce que l'on Est Vraiment
et l'assumer pleinement.

Être ...

De tous les mots qui existent sur cette planète en notre langue française, il en est UN qui reflète véritablement la grandeur de ce que nous sommes ; il s'agit du mot **"ÊTRE"**.

Ce mot nous invite à prendre réellement conscience de l'Énergie Sublime qui nous anime. Il nous amène à…

◊ la Ressentir

◊ l'Identifier

◊ la Reconnaître

◊ l'Accueillir

◊ la Chérir

◊ la Vénérer

◊ la Glorifier

afin de pouvoir

➢ *la Manifester*

➢ *l'Exprimer*

➢ *la Diffuser*

➢ *l'Irradier*

et ainsi

L'EXPANSER dans L'AMOUR

à travers le "JE SUIS".

C'est alors, que l'Amour de SOI peut grandir et s'affermir, en s'acceptant totalement, dans son corps physique, son corps émotionnel, son corps mental, ceci pour s'épanouir merveilleusement et glorieusement dans le corps spirituel, afin d'IRRADIER L'AMOUR SUR LA TERRE.

"Être"... Ce Divin mot renferme toute notre Essence, notre Substance, notre Présence, notre Puissance, notre Intelligence, notre Conscience, notre Beauté, notre Lumière, tout autant que nos parts d'ombre, qu'il aspire à transmuter.

Bien au-delà du temps et de l'espace, il nous encourage à VOIR et CRÉER, le vrai, le juste, le beau, le noble, le pur, le sacré, tout en nous permettant de **VIVRE EN CONSCIENCE, sans jugement**, chaque instant de notre vie.

Dans l'état de conscience endormie, nous nous identifions sans cesse à l'idée de perfection. Nous escamotons constamment l'étape d'apprentissage, nécessaire à notre croissance.

Pourquoi cherchons-nous à devenir parfaits ? Cette notion de perfection comporte, en elle-même, un piège qui nous empêche de découvrir la vraie Paix intérieure. Elle nous laisse dans une constante insatisfaction de ce que nous sommes.

Le désir de perfection ne cacherait-il pas un profond complexe d'infériorité, véhiculé, depuis fort longtemps, par la lignée biologique dans laquelle nous évoluons ? Cette lignée a du mal à accepter le regard des autres, en ne permettant pas à l'individu de manifester son authenticité, ni sa sincérité, envers lui-même et envers ses semblables.

Or, cette perfection à laquelle beaucoup aspirent, sur quels critères est-elle basée ? Ici se trouve la véritable question !

Le Créateur Suprême de l'Univers aurait-Il pu faillir ? Sa Création n'est-elle pas déjà parfaite ? Quel que soit notre état d'être, nous ne pouvons altérer la perfection, puisque TOUT EST LUI.

Être PARFAIT, ne serait-ce pas pleinement "ÊTRE SOI" ?

Comme l'a si bien dit Raphaël Payeur[1] au cours de l'une de ses conférences :

*"**ÊTRE PARFAIT, c'est être Soi.** C'est découvrir ce que l'on EST vraiment et l'assumer pleinement. **L'Homme** n'est pas invité à devenir autre chose que ce qu'il EST ; il est invité à découvrir ce qu'il porte au plus profond de lui-même ; il **est invité à découvrir ses limites, ses faiblesses ainsi que ses qualités : à les assumer pleinement et à y trouver une occasion de valorisation**... en les chérissant et en les aimant dans leur totalité...".*

Ne suffirait-il pas de *"cheminer tout simplement vers ce que l'on EST "*[2], sans s'identifier à une autre personne, sans essayer de l'imiter, sans se comparer constamment à elle, sans s'imaginer devenir quelqu'un d'autre, sans envier le succès d'un individu qui *"semble"* avoir réussi dans sa vie ! L'essentiel, ne serait-ce pas d'avancer à son propre rythme, sans se soucier du lendemain, sachant que le Dessein Divin sera atteint ?

Pourquoi penser qu'il y a des gens très ordinaires et d'autres vraiment extraordinaires, qu'il y a des personnes insignifiantes et d'autres remarquables, que certaines sont sottes, d'autres très intelligentes, qu'il y a des incapables et qu'il y a des élites ? Pourquoi tant de jugements ? Chaque individu est UNIQUE, et a la place qui lui revient. Il joue le rôle que son âme a choisi avant de s'incarner, en fonction des expériences utiles à son éveil, et des potentiels nécessaires à son scénario.

Gardons en mémoire que chacune de nos parts d'ombre et de Lumière - habituellement nommées "défauts et qualités", bien que n'étant que vibrations plus ou moins denses - est indispensable aux expériences du plan humain. En fait, c'est toujours au cœur de nos plus grandes faiblesses, que nous découvrons cette personnalité humaine qui n'est qu'illusoire, et pourtant nécessaire à l'accomplissement

---

[1] *Philosophe, écrivain et conférencier canadien.*
[2] *Voir bibliographie :* Placide Gaboury*, "Vivre Imparfait", Éd. de Mortagne.*

de notre tâche sur Terre. Il est seulement dommage que nous soyons tant attachés à "cette personnalité" à laquelle nous ne cessons de nous identifier.

Prenons cependant conscience que, au-delà de ces faiblesses humaines que nous croyons nôtres, demeure Cette Immense Lumière d'Amour Infini. Elle brille au plus profond de notre Être, et nous pousse À TOUT VIVRE, à tout accueillir, à tout offrir, dans la neutralité. C'est ainsi que nous pouvons actualiser notre programme de vie, souvent non accessible à notre conscience limitée de la troisième dimension.

Il est parfois souhaitable de *tomber* pour *comprendre,* afin de *mieux nous relever,* pour *aller beaucoup plus loin*. Qu'importe le nombre de fois où nous tombons, l'essentiel est de "SE RELEVER".

C'est souvent **EN ACCEPTANT LE PIRE QUE LE MEILLEUR S'ACCOMPLIT.**

N'en ai-je pas fait l'expérience lors de la maladie !

En effet :

- C'est ***en acceptant*** et ***en offrant*** à DIEU la haine qui m'habitait, qu'elle s'est dissoute, comme par magie...
- C'est ***en acceptant*** et ***en bénissant*** la chimiothérapie, en faisant d'elle *"une amie"* et *"non une ennemie"* que, très rapidement, son œuvre d'alchimie s'est accomplie...
- C'est ***en acceptant*** l'importante dépréciation de mon sein, qu'il s'est miraculeusement reconstruit...
- C'est ***en acceptant*** de mourir, que la Grâce m'a été accordée de pouvoir Renaître à la Vraie Vie !

C'est alors que j'ai compris qu'**il ne suffit pas de vouloir, mais de s'abandonner totalement, en acceptant, sans révolte, ni résistance, le programme que notre âme a choisi de VIVRE.**

LE VOULOIR

crée un mur, car il vient du mental.

L'ASPIRATION

délivre, car elle émane du cœur et de l'âme.

La Véritable et l'Ultime Délivrance se trouve dans :

- ***L'Acceptation*** *gratuite*
- ***Le Lâcher prise*** *conscient*
- ***L'Offrande*** *quotidienne*
- ***La Bénédiction*** *constante*

DE CE QUI EST

Dans **L'UNION**

Avec l'Énergie de Vie

"LE VIVANT"

QUI EST DIEU PÈRE-MÈRE - ESPRIT - CHRIST.

"DIEU n'est QU'AMOUR", nous dit Saint Jean. Il est important de comprendre cette affirmation. C'est ainsi qu'il nous est possible d'aborder la réalité de DIEU sous un angle tout à fait nouveau, très différent de nos croyances anciennes et de nos concepts erronés.

DIEU est Omniprésent, Omnipotent, Omniscient. IL EST TOUT CE QUI VIT. Il n'y a pas un endroit où Il ne soit pas. Il n'est pas juste de penser, ou de croire, que DIEU existe uniquement en tant que personnage barbu, assis sur un trône, qui ne demeure qu'à un endroit précis, et qu'il soit nécessaire d'aller ici ou là pour Le trouver. **IL EST en chacun de nous**, à chaque instant. IL EST le Témoin de tout et de tous. IL EST CE QUE NOUS SOMMES. **IL EST Le Principe même de la Création. IL EST L'Origine DE TOUT. IL EST TOUT.**

Le jour où nous prenons conscience

*Que **DIEU est en nous,***
*Qu'**IL VIT à travers nous,***
*Qu'**IL EST NOUS,***

Nous réalisons

*Que **TOUT NOUS EST POSSIBLE...***

Et c'est cela qui est sublime ! [1]

---

[1] *"Cancer, Mon Chemin de Guérison...", Éd. Arkhana Vox, 2001.*

DIEU est Lumière, et c'est Cette Lumière qui nous inonde, nous éclaire, et illumine l'humanité. Nous représentons *"les ampoules"* qu'IL alimente de Sa Force et de Sa Puissance. Notre rayonnement dépend de notre capacité à accueillir Sa Lumière et à La diffuser.

DIEU est l'Énergie qui pénètre le temps et l'espace et **qui se manifeste EN TOUT**. Il est au-delà de tout nom et de toute forme.

Lorsque nous pensons, lorsque nous parlons, lorsque nous regardons, lorsque nous écoutons, qui pense ? qui parle ? qui regarde ? qui écoute ? **C'est l'Intelligence Divine Seule et Unique**, Celle qui anime tous les êtres et la matière. La Source de notre respiration et de chacun de nos mouvements, de chacun de nos gestes, de chacune de nos activités, EST LE DIEU qui demeure au fond de notre cœur, ce cœur qui bat grâce à Cette Source d'Amour Infini.

Aucune joie véritable, aucun bonheur n'est réellement possible si nous ignorons DIEU, si nous le nions, si nous le rejetons.

Nous avons le choix d'en prendre conscience et de nous alimenter à Cette Source intarissable d'Amour, afin de connaître la joie d'exister, et de créer le bonheur immense d'ÊTRE UNIS À LUI.

L'ÊTRE HUMAIN A POUR MISSION

DE SE RÉVÉLER À LUI-MÊME

EN TANT QU'INCARNATION DE LA DIVINITÉ.

Nous avons **"signé un contrat avec DIEU"** avant de nous incarner, au bas duquel nous avons apposé notre signature accompagnée de la mention *"lu et approuvé"*. **Il est dommage que nous l'ayons oublié !**

Cette Puissance Supérieure, qui "EST LUI", en tant qu'Énergie de l'Univers, ne se permet pas d'intervenir dans le plan qu'ont choisi les âmes. Elle ne peut les contraindre, ni les juger. Elle laisse chaque individu libre d'agir selon ses choix, afin qu'il expérimente et accomplisse son Dessein Divin.

Bien au-delà des apparences, tout a un sens, TOUT EST AMOUR, même si souvent invisible, car non exprimé. ***L'Amour,*** comme je l'ai expliqué dans mon premier ouvrage, ***n'a pas de dualité, pas de contraire, pas d'opposition : "IL EST", et prend toutes les facettes nécessaires à son accomplissement.*** C'est cela que l'Homme a du mal à saisir ! L'être humain pense sans cesse qu'il a manqué d'Amour, qu'ici ou là, il n'y a pas d'Amour, que telle personne n'a pas d'Amour, et que telle autre a beaucoup d'Amour ; mais ***l'Amour prend toutes les formes pour se manifester***, selon les expériences à vivre.

N'a-t-il pas été dit :

"QUI AIME BIEN... CHÂTIE BIEN" ?

En fait, c'est seulement d'affection, de douceur, de tendresse, d'écoute, d'attention, de considération, de reconnaissance, de respect, de vérité, dont nous nous sommes souvent sentis frustrés, mais **le Véritable Amour** est au-delà de ces attentes, **IL DONNE**, mais **IL N'ATTEND RIEN.**

L'AMOUR EST TOUT. Ce n'est pas un concept abstrait, **c'est une RÉALITÉ** que l'on a **À VIVRE, À EXPRIMER, À INCARNER**.

La haine n'est que **le contraire** d'une **émotion**, d'un **sentiment, nommés Amour,** mais **L'AMOUR EST AU-DELÀ DE L'ÉMOTION ET DU SENTIMENT**... *"senti-ment"*.

L'AMOUR EST UN ÉTAT D'ÊTRE PROFOND.

L'AMOUR EST LA RAISON D'ÊTRE DE TOUT ce qui EST et **DE TOUT ce qui VIT**. Il est l'Essence même de la vie.

L'AMOUR EST LE MYSTÈRE ET LE MIRACLE d'une vie totalement épanouie, totalement accomplie, hors de la contrainte, hors du vouloir, de l'obligation ou du devoir.

L'Amour se manifeste dans l'authenticité et la liberté d'être et d'exprimer ce que nous sommes vraiment, à travers des élans de pure spontanéité, émanant du cœur. Comprenons qu'**il y a mensonge lorsque nous n'osons pas exprimer et vivre nos vrais désirs et nos réels besoins** ; c'est-à-dire que nous ne sommes pas en mesure d'assumer notre totale réalité, et que nous nous voilons la face devant ce qui anime notre nature profonde.

Nous n'avons pas à chercher à plaire à ceux qui nous entourent, par des attitudes ou des actes qui ne correspondent en rien à ce que nous sommes et à ce que nous ressentons vraiment. Seul le DIEU de notre cœur connaît nos véritables intentions. En fait, ce qui peut être jugé ou critiqué par les autres, ne l'est pas par DIEU, car "IL SAIT" qui nous sommes. Qu'importe si les autres ne nous comprennent pas ! Qu'importe s'ils n'acceptent pas notre différence, s'ils sont surpris par nos comportements, nos décisions et nos choix, s'ils ne croient pas en nous et en ce que nous accomplissons ! Ils n'auront aucun compte à rendre sur ce que nous exprimons ou manifestons.

L'Homme est seul responsable de ses actes et de sa vie. Il s'est incarné sur ce plan pour découvrir QUI IL EST, dans le but de s'accomplir personnellement en *"réapprenant"* à aimer, afin d'exister vraiment.

DIEU étant AMOUR ET TOUT CE QUI EST, chaque expérience est à vivre pour **"LE"** CONNAÎTRE et GRANDIR **"EN LUI"**...

♦ Qui peut ***apprécier La Liberté***,
sans avoir connu l'enfermement, soit du corps, soit du coeur, soit de l'esprit ou de l'âme ?

- Qui peut ***exprimer La Vérité***,
sans avoir expérimenté le mensonge (manifestation de la peur [1]) ?
- Qui peut ***connaître La Paix***,
sans avoir ressenti parfois, l'angoisse, l'inquiétude, l'amertume, la jalousie, la résistance, la révolte, la colère, la violence ?
- Qui peut ***rayonner La Joie***,
sans avoir éprouvé un jour de la tristesse, du chagrin, de la détresse ?
- Qui peut ***expérimenter L'Harmonie***,
sans avoir supporté les conflits, la disharmonie ?
- Qui peut ***manifester La Réconciliation***,
sans avoir entretenu le remords, le ressentiment, la rancœur, la haine ?
- Qui peut ***posséder La Foi***,
sans avoir vécu la crainte, le doute, la peur ?
- Qui peut ***découvrir La Lumière***,
sans avoir appréhendé l'ombre ?
- Qui peut ***bénir La Vie***,
sans avoir approché l'illusion de la mort ?
- Qui peut ***prendre conscience de L'Union***,
sans avoir souffert de la séparation ?
- Qui peut ***VIVRE PLEINEMENT L'Amour***,
sans avoir pris conscience de son Identité Divine ?

Tout est leçon nécessaire à la TOTALE COMPRÉHENSION DE DIEU.

Ainsi en est-il du jeu de la vie, qui essaye de nous faire atteindre le merveilleux trésor qu'est la sagesse, à travers nos dualités.

En effet, il est important de comprendre que lorsque deux énergies

---

[1] "Cancer, Mon Chemin de Guérison...", Chapitre : "Profil Psychologique du cancer - la peur ", Éd. Arkhana Vox, 2001.

qui semblent être opposées, telles que la tristesse et la joie, arrivent à s'interpeller suffisamment pour se reconnaître au lieu de se rejeter, afin de se fondre ensemble, elles sont alors capables de s'unifier dans le thymus *(Cœur Cosmique)*, et de se dissoudre en se transcendant en une Nouvelle Énergie plus subtile qui éveille la Conscience.

"Tu es une goutte à l'Océan,
Tu es un grain sur cette plage,
Peut-être que, dans 100 000 ans,
TU SERAS TOUT si tu es sage."

Gilles Renaudin[1]

Certains s'illusionnent, en pensant que la sagesse est seulement basée sur l'ascèse, les privations de toute sorte, le renoncement à tous les plaisirs de la vie, mais leur regard est si triste, leur santé si médiocre, qu'ils ne témoignent en rien la joie de vivre, qui est la manifestation de la Vraie Vie, celle qui nous conduit à l'Essentiel – "Essence-ciel" – qui est louange, gratitude, contemplation, émerveillement devant tout ce qui EST, et UNION TOTALE avec DIEU qui EST VIE.

SAVOIR REMERCIER et SE DÉLECTER

de tout ce que nous offre la vie,

C'EST COMMUNIER RÉELLEMENT

AVEC "LE VIVANT"...

C'EST ÊTRE VIVANT.

[1] *Voir bibliographie :* Gilles Renaudin, *Concepteur et Réalisateur de textes illustrés.*

Avant de pouvoir réellement renoncer à quelque chose, il est indispensable d'avoir connu cette chose, de l'avoir accueillie sans jugement, de l'avoir totalement expérimentée, afin de la dépasser et de la transcender.

La sagesse est la somme de la Connaissance acquise au cours des multiples expériences auxquelles notre âme aspire pour évoluer.

Souvent, notre personnalité ne connaît pas la raison profonde qui la pousse à poser certains actes. Elle ignore le programme de l'âme, et c'est ici que se trouve la grande question du "POURQUOI ?"

- ♦ Pourquoi ai-je fait cela ?
- ♦ Pourquoi ont-ils fait cela ?
- ♦ Pourquoi ai-je vécu cela ?
- ♦ Pourquoi ont-ils vécu cela ?

Combien de questions restées sans réponse ! Ne s'agirait-il pas d'une loi d'évolution, qui rejoindrait :

- soit un choix inconscient, nécessaire à l'éveil,
- soit la loi de *"cause à effet"*, loi de *"compensation"*,

et qui permettrait à l'être humain de définitivement se libérer, en quittant à jamais *la peur* et *la culpabilité* ?

C'est à chacun d'ouvrir son cœur et sa conscience, afin que la vérité, qui lui est personnelle, lui soit révélée ; le but ultime étant l'épanouissement de notre Nature Divine.

Nous ne le redirons jamais assez…

TOUT A UN SENS dans l'accomplissement du Plan Divin, et c'est là que se situent notre ignorance et notre résistance.

Il n'y a pas de hasard. Tout a sa raison d'être. DIEU SAIT !

- ➢ Chaque aventure,
- ➢ chaque expérience,
- ➢ chaque événement,

- chaque situation,
- chaque circonstance,
- chaque rencontre,
- chaque émotion,
- chaque sensation,
- chaque réaction,
- chaque sentiment,
- chaque pensée,
- chaque parole,
- chaque action,
- chaque état d'âme,

accueilli, reconnu, accepté, compris, intégré et vécu *"en conscience"*, sans culpabilité, sans jugement, sans regret, développe en nous la science de la vie, et nous donne la possibilité d'avoir accès à la Véritable Connaissance, en nous rapprochant de L'UNITÉ[1].

QUI peut vraiment ***CO-(N)-NAÎTRE***
ce qu'il n'a pas vécu ou expérimenté ?

La Sagesse est basée
sur l'accueil et l'acceptation
de notre programme de Vie,
sans résistance,
dans la compréhension
et le contentement
DE CE QUI EST.

[1] *Voir bibliographie :* Neale Donald Walsh, *"Conversations avec Dieu" Tome 1-2-3, Ariane Éditions.*

"Le Saint homme
est toujours content.
Content de ce QU'IL EST.
Content de ce QU'IL A."

Lao Tseu

Nous agissons toujours en fonction des véritables besoins de notre âme. C'est la raison pour laquelle il n'y a rien à rejeter, rien à nier, et surtout rien à juger ou à condamner. Tous nos actes ont un but d'éveil et de croissance ; ils sont utiles à notre compréhension de la vie. Il nous suffit d'**OBSERVER la véritable INTENTION** qui demeure derrière chaque pensée, chaque parole, chaque action, et de RÉAJUSTER s'il y a blessure, réaction douloureuse, ou culpabilité, car tout est ***"apprentissage"***.

Nous grandissons ainsi en sagesse, en soulevant les voiles de l'ignorance, et parvenons à la compassion envers nous-mêmes et envers autrui.

C'est alors, qu'au fil du temps, nous apprenons à

RESPECTER
et
AIMER

ce que Nous Sommes
ce que Sont les Autres
ce qu'EST LA VIE.

Pourquoi vouloir sans cesse "atteindre Le Ciel", alors que le Ciel se trouve sur la Terre ? Ce qui est "en haut" est comme ce qui est "en bas". C'est seulement notre regard qui est voilé et notre conscience endormie.

Tout est Lumière, plus dense ou plus légère. N'avons-nous pas, comme tâche première, d'apprendre à gérer la matière, en la respectant et en l'aimant ! N'est-ce pas un programme merveilleux pour celui ou celle qui a décidé d'ÊTRE !

Essayons de voir clair en nous-mêmes et de comprendre que la Conscience a besoin de s'exprimer, tout d'abord, dans ce qu'il y a de plus dense, de plus lourd, c'est-à-dire à travers notre corps physique.

Il est impossible d'atteindre la cime d'un arbre, sans être passé par ses racines, sa base et son tronc.

Tant qu'il y aura en nous la moindre résistance à ce qui EST, le processus durera, nous ne pourrons obtenir la Paix Intérieure.

La Paix descend en l'Homme, comme la manne descend du Ciel. C'est un don de DIEU, qui est Amour. Si l'Homme ouvre son cœur à l'Amour de lui-même, des autres et de la vie, la Paix vient le nourrir.

S'il accepte de se mettre en vacuité, en laissant l'Alchimie Divine œuvrer en lui, s'il accueille cet Amour, en se préparant par une offrande intérieure de ce qu'il EST, s'il aspire profondément à recevoir ce Don Sublime qu'est la Paix, il connaîtra le vrai bonheur d'Être et de Créer un monde nouveau, de vérité et de beauté. Il deviendra alors, sur Terre, un *"ancrage flamboyant"* de cette sérénité profonde, qui émane de l'acceptation totale de ce que l'on EST.

C'est un long cheminement, vers Soi-même, et en Soi-même, qui conduit l'être humain à "s'observer" avec compassion et respect ; ceci afin de réaliser et d'intégrer que **les carences, les limites et les faiblesses** de sa personnalité, loin de l'amoindrir, loin de le dévaloriser loin de l'abaisser, **lui donnent la possibilité de grandir et d'exister**.

Ce n'est certes pas en luttant sans cesse contre ces parts d'ombre, ces points faibles, que nous appelons "nos défauts", que nous réussirons à nous en libérer.

Ne serait-ce pas plus judicieux d'admettre et d'accueillir, sans jugement, ni culpabilité, mais avec lucidité, tous nos potentiels, quelle qu'en soit la nature, afin qu'ils puissent se transformer en Lumière, lorsque l'ego aura cessé d'y résister ?

Nos réactions, devant les situations et les événements qui se présentent au cours de notre vie, sont issues de notre personnalité, de notre partie humaine. Souvent elles découlent de mémoires ou d'encodages très anciens, véhiculant la peur et la souffrance encore actives, appartenant à notre lignée biologique ou à la conscience collective, et qui ne sont pas encore libérées. Ces réactions ont le droit d'exister.

Il nous est souvent demandé de *nous maîtriser*, de *nous contrôler*, de *faire semblant*, de ***paraître*** ce que nous ne sommes pas vraiment. Mais n'est-ce pas l'ego qui veut maîtriser, contrôler, faire semblant, **paraître autrement**, de peur de montrer ce qu'il est vraiment ?

Est-ce cela être *authentique, transparent* ? Ne serait-ce pas plutôt : *"se mentir à soi-même"*, s'emmurer, se blinder, porter un masque, pour se protéger de toute émotion, de toute critique, de toute souffrance ?

L'ego ne supporte pas d'être démasqué. Il ne veut pas montrer ses failles, ses limites, ses faiblesses. Il préfère résister et ne pas dévoiler ses véritables émotions, son ressenti profond. Il se cache derrière une armure, qu'il s'est fabriquée, pour **s'imaginer** être invincible. Il se blinde, pour **se croire** et **se montrer** fort, courageux, intègre, indestructible, parfois même joyeux, comme un clown dans un cirque, qui, sous son maquillage, dissimule une profonde tristesse.

L'ego aime *"jouer la comédie"* et surtout, *"se jouer la comédie"*, afin de paraître invulnérable, alors qu'il connaît pertinemment ses carences et ses difficultés existentielles. Il s'étourdit "au dehors", ayant trop peur de regarder "au-dedans". Ne lui suffirait-il pas d'ÊTRE VRAI, de lâcher prise, d'abandonner ses résistances, en ***accueillant*** tout simplement ***la vie, telle qu'elle EST***, et ***d'exprimer***, ***à l'extérieur***, ***ce qu'il ressent et porte à l'intérieur***, afin de connaître la parfaite santé et la Paix du Cœur ?

N'oublions pas que, ce qui ne s'exprime pas, s'imprime en nous, devenant ainsi la cause de nombreuses maladies : *"mal-à-dire"... "mal-a-dit"... "mal-à-DIEU"*.

Par contre, lorsque LE MOI DIVIN prend **LA PREMIÈRE PLACE** dans notre Vie, il LUI est possible de transmuter *"instantanément",* en Lumière et en Paix, l'émotion douloureuse qui est vécue profondément. D'où l'importance de nous sentir reliés en permanence à NOTRE DIEU INTÉRIEUR et de LE LAISSER AGIR en toute confiance.

Chaque fois qu'une attitude ou une parole vient nous blesser et provoque en nous une émotion déstabilisante, nous pouvons, ***"dans le silence intérieur", nous adresser à l'âme de la personne qui vient de jouer les rôles*** "de perturbateur et d'initiateur", en prononçant la phrase suivante précédée de son prénom :

"... Reçois tout l'Amour de DIEU, en moi présent,
cet Amour transcende tout."

Cette phrase est magique... Elle opère des miracles... Elle transforme rapidement l'énergie lourde qui se manifeste dans les situations inconfortables, et réajuste les comportements. L'essentiel est que ces mots soient prononcés avec sincérité, dans un désir de Paix. Il s'agit là d'un échange "d'âme à âme", dans lequel les personnalités n'interviennent pas... DIEU SEUL accomplit son Œuvre. C'est un réel "lâcher prise" où l'ego reste en sommeil.

En réalité, il est souhaitable d'éviter d'importuner les autres en les invitant sans cesse *"à changer".* Si leur comportement nous dérange ou nous blesse, il serait bon de chercher à comprendre l'enseignement qu'il nous donne et la leçon qu'il y a à en tirer. Leur vie leur appartient et il est essentiel de respecter ce qu'ils sont et ce qu'ils ont choisi d'expérimenter.

Toute attitude d'ingérence est destructrice ; elle dénote souvent un besoin de tout contrôler et de tout diriger, et cela nous bloque sur le chemin de l'évolution. Inutile de nous soucier de tout et de tous, nous ne pourrons jamais maîtriser et dominer les choses essentielles de la vie, tout particulièrement celles qui ne nous concernent pas. Chacun a sa trajectoire et son rôle à jouer.

Du fait que nous avons beaucoup de mal à nous accepter tels que nous sommes, nous cherchons continuellement à tout transformer "en nous et autour de nous". Cela part sûrement d'un *noble sentiment*, mais il est important de ne pas oublier que **la véritable transformation vient de l'intérieur**. La vraie métamorphose ne vient **pas du vouloir**, qui est issu du mental et de l'ego, **mais de l'aspiration profonde, qui émane du cœur et de l'âme**. Une réelle alchimie de l'être ne peut s'accomplir que "du dedans", dans l'accueil préalable de ce que l'on est vraiment, là où demeure l'Amour Infini, le Soi-profond, la Présence Divine, qui vit en chacun de nous.

Disons simplement **"OUI" à la Vie**. Participons à cette Vie, de toutes nos forces, avec confiance, enthousiasme, passion et joie, en prenant soin de TOUT CE QUI VIT. C'est ainsi que LA VIE NOUS COMBLERA DE SES GRÂCES, bien au-delà de toutes nos espérances.

JÉSUS par ses paraboles, nous a fait comprendre combien **il est important de ne pas opposer de résistance à ce qui nous semble être le mal, car seul l'Amour du Père peut œuvrer en nous et dans Sa Création** ; le mal n'étant que le bien, non encore manifesté.

Comme l'enseigne Mère Meera :

"Offrez tout au Divin, et laissez-Le œuvrer à travers vous."

Comment ne pourrais-je pas être convaincue de cet enseignement, alors qu'en 1986, lors de mon expérience face au cancer en phase terminale, le DIVIN qui demeure au plus profond de mon être, m'a fait découvrir *la PUISSANCE de l'Accueil, de l'Offrande et de l'Amour Inconditionnel,* celui qui n'attend rien !

L'OFFRANDE est devenue ma clef de vie. Il est très salutaire de prendre conscience que, dans **l'Offrande**, il y a un **don gratuit**, déposé devant la Divinité, qui EST DIEU, et que c'est **là** qu'**intervient la transmutation**.

C'est le **processus d'alchimie** qui se produit à la messe, au moment de *l'Offrande*, à *"L'Élévation"*, lorsque le prêtre élève l'hostie, en sachant qu'elle sera transmutée en Corps du Christ. C'est la **Foi Totale** dans l'action du lâcher prise. L'Offrande n'est en rien comparable avec le mot "offrir", qui, lui, signifie "faire un cadeau".

En effet, il est vrai que c'est ***seulement en acceptant la haine*** qui m'envahissait et ***en l'offrant*** au Christ, à DIEU, qu'**elle s'est transformée en Réconciliation et en Amour**, **PAR** le **DON D'AMOUR DU PÈRE EN MOI.**

"L'Ange", dans les messages des "Dialogues avec l'Ange"[(1)], nous a révélé l'importance de L'OFFRANDE lorsqu'Il a prononcé ces paroles, en s'adressant à Gitta Mallasz :

"Que toute pensée, tout acte et tout repos
LUI soient offerts,
et TOUT conduira à LUI.
MÊME L'INFIME EST DIGNE DE LUI ÊTRE OFFERT.
Quelle félicité serait pour vous l'existence,
si votre OFFRANDE devenait parfaite !"

Dialogues avec l'Ange

N'est-ce pas la preuve que L'OFFRANDE EST SACRÉE ?

Pourtant, combien de conseils, à cette époque de la maladie, m'ont été donnés pour "TRAVAILLER" sur la haine, **en luttant contre elle**, afin de m'en libérer ! Et, malgré tous mes efforts, **rien ne s'est**

[(1)] *Voir bibliographie :* Gitta Mallasz, *"Dialogues avec l'Ange ", Édition Intégrale - Éd. Aubier.*

accompli par "ce travail". Bien au contraire, mon état s'est aggravé, alors que je savais pertinemment que le PARDON était la clef de la guérison. Mais personne ne me disait vraiment comment faire pour pardonner, si ce n'est que de m'enseigner des techniques très compliquées. J'avais beau supplier DIEU de m'aider, en priant sans cesse, je ne percevais pas encore *"la solution magique"*, qui allait m'être *"envoyée du Ciel"* pour me libérer.

C'est alors, que la nuit où j'ai cru quitter ce plan terrestre, ayant déjà choisi le vêtement que je désirais porter pour mon *"ultime voyage"* (une magnifique chemise de nuit, blanche, ornée de rubans et de dentelle, que m'avaient offerte mes enfants, et qui ressemblait à une robe de princesse), ainsi que la musique de Vangelis qui m'accompagnerait à la *"messe d'enterrement"*, je pris conscience que Le CHRIST nous avait encouragés, au cours de son passage sur la Terre, à **déposer nos fardeaux**, lorsqu'il avait prononcé ces paroles :

"Venez à Moi,
vous tous qui peinez et ployez sous le fardeau
et Moi je vous soulagerai."

(Mt 11/28)

De plus n'a-t-il pas été écrit dans la Bible :

"Décharge sur DIEU ton fardeau
et LUI te subviendra" ?

(Ps 55/23)

De ce fait, **je réalisais** tout à coup **que je n'avais pas *à travailler* sur la haine** ou sur autre chose, **mais simplement *à ABANDONNER* tout fardeau,** toute haine, toute rancœur, tout ressentiment, toute peur, toute souffrance, ***en OFFRANT* tout ce qui avait pu me blesser au PÈRE, au CHRIST, à DIEU, car LUI SEUL pouvait me sauver.**

C'est ainsi que la Véritable Réconciliation avec moi-même, avec les autres (principalement **avec celui qui joua, pour moi, le rôle de père,** en cette incarnation) **et ma réconciliation totale avec mon programme de vie SE SONT ACCOMPLIES.**

Au fil des jours qui suivirent, c'est dans la paix du cœur et de l'âme, que je fus en mesure de poser les actes justes, qui m'ont conduite vers la Renaissance de mon être. **Je ne puis que REMERCIER "la Vie"** de m'avoir éclairée, "au dernier moment", instant magique où "je pensais quitter ce plan". L'IMPOSSIBLE N'EST QU'ILLUSION !

À présent, je suis convaincue que le mot **"TRAVAIL"**, si souvent utilisé en thérapie, est **relié au vouloir**, non au lâcher prise. Étymologiquement, le mot travail signifie "esclavage". Pourtant, nous entendons souvent ces phrases :

- Il ***faut travailler*** sur cette problématique…
- Vous ***devez travailler*** sur cette faiblesse…
- Il est important de ***travailler*** sur cette lacune…
- Faites des efforts, ***travaillez*** sur vos émotions…
- ***Travaillez*** sur vos points faibles…
- ***Travaillez*** sur votre attachement, votre dépendance, votre colère, votre tristesse, votre timidité, votre culpabilité, votre haine, votre peur, etc…

Combien de temps *encore* nous sera nécessaire pour comprendre que seuls *l'Accueil, le Lâcher Prise, l'Abandon, la Confiance, L'OFFRANDE, L'AMOUR,* peuvent nous libérer de tous nos tourments !

C'est sans doute la raison pour laquelle l'Ange des "Dialogues avec l'Ange" (1)répondit à Gitta Mallasz, auteure de cet ouvrage :

L'ANGE ➢ ***"La peur est le refuge des faibles."***
GITTA ➢ *"Alors **je travaillerai** pour m'en débarrasser."*
L'ANGE ➢ *"**NE TRAVAILLE PAS** mais CROIS !"*
"SI TU CROIS TU N'AS RIEN À CRAINDRE."

Puis, l'Ange prononça ces paroles, s'adressant à Lili (l'une des quatre jeunes personnes qui eurent la grâce de pouvoir communiquer, durant dix-huit mois, avec les plans invisibles, par l'intermédiaire d'un ange, avant d'être déportées en camp de concentration et d'y connaître

---

(1) *Voir bibliographie :* Gitta Mallasz, *"Dialogues avec l'Ange ", Édition Intégrale - Éd. Aubier.*

la mort, à l'exception de Gitta Mallasz qui, de ce fait, put relater les faits, beaucoup plus tard, à travers le livre "Dialogues avec l'Ange"[(1)]) :

LILI ➢ *"Je sens un manque dans mon travail.*
Qu'est-ce que cela peut-être ?"

L'ANGE ➢ ***"Le manque de FOI en LUI***
en moi
et en toi !"

LILI ➢ *"Je sens que j'ai encore beaucoup à faire."*

L'ANGE ➢ *"**LE BEAUCOUP**, est illusion.*
*Si tu trouves que c'est **beaucoup**, tu te trompes."*
*"Il n'y a **pas beaucoup**,*
*mais **une seule chose à faire...***

L'Ange fait un geste d'ÉLÉVATION et d'OFFRANDE."

♦

Après de telles paroles de sagesse, qu'y a-t-il, de plus, à ajouter ?

Tout est clair, pour moi, aujourd'hui. Chacun est libre de ses choix. En ce qui me concerne, **j'ai choisi L'OFFRANDE de TOUT** ce qui me paraît difficile à accueillir, à accepter, à regarder, à entendre, à gérer, à vivre sur cette planète. J'ai conscience que TOUT EST DEJÀ ACCOMPLI sur les autres plans, que nous sommes multidimensionnels et que nous nous sommes incarnés ici-bas pour ACTUALISER un Dessein Divin, qui parfois semble nous dépasser.

Seule cette Puissance Supérieure, Ce DIEU de notre cœur, peut nous donner la Force et l'Énergie suffisantes pour actualiser la tâche qui est la nôtre. Inutile d'aller chercher *"à l'extérieur"*. **TOUT EST EN NOUS, ICI ET MAINTENANT DANS CE PRÉSENT.**

[(1)] *Voir bibliographie :* Gitta Mallasz, *"Dialogues avec l'Ange ", Édition Intégrale - Éd. Aubier.*

C'est à chacun de découvrir QUI IL EST[1], afin d'entrer dans son programme de vie, pour EXISTER VRAIMENT, et S'ACCOMPLIR DANS L'AMOUR DE LUI-MÊME et D'AUTRUI.

Seul l'instant présent,
"L'ICI ET MAINTENANT",
vécu dans l'Accueil et la Conscience,
permet à l'Homme
D'ÊTRE VRAIMENT.

(1) *"Cancer, Mon Chemin de Guérison...", Chapitre : "Qui Sommes-nous ?", Éd. Arkhana Vox, 2001.*

APPRENDRE À "SE CONNAÎTRE"

"Connais-toi, toi-même."
Socrate

De toute évidence, si l'être humain ne se connaît pas lui-même, en découvrant ce qu'il porte de "précieux" en lui, il aura de la difficulté à être heureux sur son chemin.

Comme je l'ai évoqué dans le chapitre *"Qui sommes nous ?"*, de mon précédent ouvrage "Cancer, Mon Chemin de Guérison…"

"Il est vraiment l'heure
de Retrouver notre Filiation Divine,
en prenant conscience que
DIEU et l'Homme sont UN."

L'Homme qui ignore "QUI IL EST" et ce qui l'anime, qui ne reconnaît pas cette Énergie Vitale, cette Essence Divine, cette Présence Sublime qui l'habite et qui lui permet d'exister, qui refuse de voir le Divin en lui et autour de lui, peut se sentir seul, démuni, et demeurer inconscient des enseignements que lui donne la Vie.

Il en est de même pour celui qui n'a pas compris que tout ce qui l'entoure est le miroir de ce qu'il véhicule en son être profond, et qu'il est venu expérimenter.

Quant à celui qui se voile la face devant ses parts d'ombre et de Lumière, exprimées à travers ses points faibles et ses points forts, ou qui s'attarde continuellement sur les carences et les errances de sa personnalité, alimentant sans cesse sa culpabilité, il ne peut réellement trouver la sérénité.

L'Homme qui n'a pas connaissance de sa force, de sa puissance, de ses véritables potentiels et aptitudes, et surtout de sa valeur, qui n'a pas accès à ses réels besoins, à ses vrais désirs, aux profondes aspirations de son âme, agissant toujours par devoir, par force, sous la contrainte ou la domination, souvent dans l'attente ou dans la peur, ne peut connaître le vrai bonheur.

De plus, tout Homme qui éprouve de la difficulté à ÊTRE VRAI, avec lui-même, avec ses semblables, dans toutes ses relations, bloque son énergie et *"tourne en rond"*, ne retrouvant pas *"l'axe"* lui permettant de découvrir sa véritable tâche, afin d'atteindre la liberté intérieure.

L'Être Humain qui n'a pas encore conscience de *"Sa Véritable Identité"*, ne peut en toute authenticité *s'accueillir, s'accepter, se respecter, s'estimer, se considérer, s'aimer, se valoriser* et, ainsi, **chérir et bénir ce qu'il porte de plus élevé et de meilleur en lui**.

S'il cherche en permanence *à être* ***autre chose*** que ce qu'IL EST, à posséder ***autre chose*** que ce qu'IL A, à vouloir vivre ***autre chose*** que les expériences choisies par son âme, indispensables à sa croissance spirituelle, ***il ne pourra jamais goûter au bonheur et à la joie de s'ouvrir totalement au Don Sublime de l'Amour Divin***.

En revanche, l'Être Humain qui a découvert le Trésor qui l'habite, Cette Immense Lumière qu'il peut irradier et rayonner constamment autour de lui, est en mesure de donner un sens à Sa Vie. Cela lui permet de se tenir debout, à la fois les pieds bien ancrés sur la Terre, le cœur dans le soleil et la tête reliée au Ciel. Ses yeux peuvent alors *voir La Lumière*, ses oreilles *entendre Les Sons Sacrés de l'Univers,* son cœur *ressentir La Présence de l'Amour Infini,* en lui, et autour de lui. C'est ainsi qu'il peut **"DIRE OUI"** à la Vie, et dans l'Ultime Conscience, manifester le **"JE SUIS"**.

La Paix, la Compassion, l'Amour, la Félicité, comme tous dons de DIEU ne sont ***pas à acquérir*****, mais à accueillir et à manifester**. Il suffit simplement de demeurer "en vacuité" et disponibles, pour les recevoir.

"ACCUEILLONS ET SOYONS !"

C'est un programme merveilleux, où il n'y a plus de vouloir, plus de crainte, seulement un abandon permanent au Plan Divin et c'est alors que s'accomplissent les miracles. Il ne s'agit pas (comme certains le pensent) de fatalité, bien au contraire, cela demande une grande vigilance où la Relation avec La Source Infinie, l'Énergie Universelle, Le DIEU de notre cœur, devient omniprésente.

TOUT EST DANS LE LÂCHER PRISE. Comme l'ont si bien évoqué J. et C. Addington[1] dans "Le Secret de la Guérison", à travers la prière qui suit :

"JE SUIS La Lumière
à travers laquelle DIEU brille,
car LUI et moi sommes UN et non deux.
IL me veut là où je suis
et comme je suis.
Je n'ai pas à vouloir, ni à craindre,
ni à faire de projet.
Si je suis détendu et calme,
IL accomplira Son Plan à travers moi."

Le Secret de la Guérison
J. et C. Addington

Cette prière, si chère à mon cœur et à mon âme, fait, aujourd'hui, partie intégrante de ma vie. **Je prononce ces paroles plusieurs fois par jour, car, en elles, il n'y a ni vouloir, ni pouvoir, mais**

[1] *Voir bibliographie :* J. et C. Addington, *"Le Secret de la Guérison" - "La Toute Puissance est en nous", Ed. du Dauphin.*

seulement un abandon TOTAL À CE QUI EST, et une UNION TOTALE À **DIEU**. C'est ainsi que, personnellement, je trouve **ma Force de Vie et la Paix**.

Nos désirs et *"notre vouloir"* sont tels, qu'ils contrarient souvent le Dessein Divin, et s'opposent aux choix qu'a fait notre âme, avant de s'incarner, pour s'éveiller. C'est ce que l'on peut appeler ***"la bataille"*** **du "petit moi" contre le "Grand SOI"**, qui, Lui, "SAIT" le pourquoi et le comment des choses.

Avons-nous oublié les paroles du "NOTRE PÈRE", enseignées par JÉSUS, et si souvent prononcées :

"QUE TA VOLONTÉ SOIT FAITE..."

mais sans doute pensons-nous **en même temps** : *"que la mienne s'accomplisse"* ?

Certes, il est noble d'aspirer à de belles et grandes choses. Mais **seules celles qui seront nécessaires à notre évolution et à notre croissance s'accompliront**. Inutile de nous rebeller ou de résister, cela ne nous conduira que dans de plus grandes souffrances. **La sagesse est de demander la force d'accueillir "CE QUI EST", dans la sérénité.**

Bien sûr, il nous est possible de programmer et de créer, tout comme il nous est possible de déprogrammer ce que nous avons créé, en utilisant l'Énergie Divine qui nous habite. Nous sommes des créateurs en puissance. Cependant, soyons très prudents face à nos créations mentales, elles agissent plus vite que la lumière, dans l'instant présent. Aussi, quelle que soit leur nature, un jour ou l'autre, elles se manifesteront dans notre vie. Aucune pensée ne se perd dans l'Univers, d'où l'importance d'être vigilants, afin d'éviter d'avoir à vivre des situations qui semblent nous dépasser.

C'est à chacun d'envisager de ***CAPTER, en conscience, des pensées dites "positives"***, que je nommerais *"saines, compatissantes,* *lumineuses, de Fréquences Supérieures, Illimitées".* Il est bon de savoir que **nous n'émettons que les pensées que nous avons, au préalable, *CAPTÉES dans l'Univers*, et qui nous correspondent vibratoirement**. Ces pensées ne nous appartiennent pas, elles font partie du Cosmos et "voguent" dans l'éther. Elles ont leur identité propre, nous n'en sommes que le réceptacle, suivant l'état émotionnel dans lequel nous nous trouvons dans l'instant présent. Elles se nourrissent de nos sensations, émotions, sentiments et des peurs qui nous habitent. Il n'est donc pas correct de nous identifier à elles.

Quant à nos paroles, il nous appartient de veiller à la qualité de notre langage, en ***PRONONÇANT des mots dits "positifs"***, que je nommerais *"constructifs, bienveillants, authentiques"* ; ceci afin de quitter le mensonge à nous-mêmes, qui nous conduit tout droit dans des actions contraires à notre réalité du moment et à ce que nous souhaitons vraiment ; actions souvent source de mal-être ou de maladie, puisque très éloignées de l'Amour de Soi.

En ce qui concerne ***nos comportements et nos gestes quotidiens***, ne serait-ce pas le moment de les rendre ***"plus respectueux"*** et ***animés d'une plus grande noblesse, où la CONSCIENCE prendrait véritablement sa place*** ?

Que ce soit avec nous-mêmes, avec tous ceux que nous côtoyons ou que nous croisons sur notre route ; que ce soit avec la matière, les objets que nous touchons ou que nous utilisons, les végétaux et tous les animaux, **LE RESPECT est à mettre en œuvre, si nous voulons que la Vie, elle-même nous respecte, car TOUT EST BOOMERANG.**

Il serait temps d'ouvrir nos yeux et notre cœur, tout grands, pour intégrer que "La Vie" est le meilleur gourou qui soit. Elle représente *l'Enseignant, l'Initiateur, le Maître,* le plus authentique, le plus fiable. Elle nous donne toutes les leçons nécessaires à notre éveil et à notre croissance.

La Vie nous invite, à travers toutes les rencontres, toutes les circonstances, tous les événements, toutes les situations, toutes les coïncidences, à observer, à ressentir, à réfléchir, à nous poser des questions, afin de décoder les messages qu'elle nous transmet, dans *"les signes"* [1] qu'elle place sur notre chemin.

La Vie nous offre ainsi la possibilité de découvrir ce que véhicule la personnalité que notre âme a choisie, pour s'éveiller à une plus Grande Conscience. De ce fait, elle nous procure l'occasion de prendre des décisions, en posant des actes, pour devenir autonomes, et ne plus avoir "à subir" le pouvoir des autres, en devenant libres et responsables.

Bien que parfois très lourd sur nos épaules, **le programme que la vie nous présente est toujours à notre dimension**, il est révélateur de la grandeur de l'âme.

Tout ce qui nous entoure est symbole[(2)] et la représentation de notre moi profond. Que ce soit parents, enfants, familles, partenaires, (hommes ou femmes), amis, collègues, voisins, animaux familiers, maison ou appartement que nous habitons, meubles et couleurs que nous sélectionnons, vêtements que nous portons, professions que nous exerçons, etc... Tout ceci nous correspond.

L'Être humain n'a pas imaginé tous "ces symboles", il a attiré à lui ce qui est en résonance avec lui, et qui lui convient pour accomplir son Dessein Divin. C'est son DIEU intérieur qui lui donne l'image d'accueil, afin de les interpréter pour mieux Se Connaître.[3]

C'est en observant attentivement, sans jugement, ce que porte en elle la lignée biologique dans laquelle nous évoluons (principalement nos grands-parents et nos parents ou les êtres qui nous ont élevés ou encadrés), ainsi que la famille qui nous entoure et tous ceux que nous côtoyons, qu'il nous est possible d'***apprendre à nous connaître dans la personnalité.***

---

[1] *Voir bibliographie : William Berton, "Couleur Énergie", Chapitre : "Couleurs de la Paix : Lilas Lumière", Éd. COLORSCOPE.*

[2] *Symbole : "Ce qui relie le haut et le bas, le Ciel à la Terre".*

[3] *"Cancer, Mon Chemin de Guérison...", Chapitre : "Qui Sommes-nous?", Éd. Arkhana Vox, 2001.*

En effet, tous ces êtres viennent nous révéler les divers potentiels que nous sommes venus expérimenter ou libérer.

Qu'il s'agisse des comportements ou des états d'être que nous apprécions et admirons, ou qu'il s'agisse de ceux que nous refusons et condamnons, toutes ces manifestations ont un sens et servent à notre évolution, ainsi qu'à celle de la lignée dans laquelle nous nous trouvons.

En ce qui concerne *les points forts*, nommés qualités, *que nous observons* chez ceux qui jouent pour nous le rôle de parents, ils *nous révèlent ce que nous portons de précieux en nous-mêmes, et que nous sommes en mesure d'actualiser*, d'exploiter, de manifester *et de partager avec l'humanité.*

Par contre, il nous est plus difficile de prendre conscience et d'accepter, que *ce qui nous dérange* et que nous analysons comme points faibles ou défauts (dans ces parents que notre âme a choisis), *correspond à ce que nous n'avons pas encore accueilli et "apprivoisé" en nous-mêmes.*

Ce sont ces potentiels, jugés comme négatifs, que nous sommes venus, *tout particulièrement*, expérimenter dans la personnalité, afin de les amener au cœur de notre être, pour qu'ils se transforment, dans l'Amour, par une alchimie glorieuse qui libèrera, non seulement la lignée du même problème, mais en interaction, tous les humains qui se trouvent confrontés à cette difficulté.

"L'Obstacle, c'est cela la tâche."
"Il n'y a pas de mal,
Il n'y a que LA TÂCHE QUI N'EST PAS RECONNUE.
Son non-accomplissement te détruit."

Dialogues avec l'Ange [1]

---

[1] *Voir bibliographie :* Gitta Mallasz, *"Dialogues avec l'Ange ", Édition Intégrale - Éd. Aubier.*

Par exemple, si nous percevons la colère, la rancœur, le ressentiment et parfois même la haine, au sein de cette lignée, et que cela nous perturbe profondément, nous saurons que ces états d'être sont d'abord à accueillir, en nous-mêmes, sans jugement, afin qu'ils puissent se transmuter en Pure Lumière, dans la Paix, par l'Amour Divin qui nous habite.

Si nous sommes en présence d'une lignée qui véhicule la tristesse et la plainte, notre tâche sera d'accueillir cette tristesse et cet état de victime, sans les condamner, en les amenant à se transformer en joie et en acceptation, pour diffuser cette joie et réactiver la responsabilité en nous et autour de nous.

Si la peur, les non-dits et le mensonge habitent cette lignée, ce sera alors la confiance, la communication et la vérité, qui seront à mettre en place en nous-mêmes et au cœur de cette lignée, dans l'accueil de ce qui est, sans jamais porter de jugement envers les autres et sans nous culpabiliser.

TOUT CELA EST À EXPÉRIMENTER POUR VIVRE L'ALCHIMIE DE NOTRE ÊTRE.

Il en est ainsi pour toutes les parts d'ombre et de Lumière que nous sommes venus unifier. Elles ont leur raison d'être et représentent *seulement* certaines facettes de la personnalité. Elles n'atteignent pas notre MOI DIVIN qui EST LUMIÈRE. Elles ne sont qu'expériences à vivre et à accueillir, en conscience, dans la compassion pour nous-mêmes et les autres, afin de connaître, de comprendre et de nous éveiller. Ces expériences ne sont pas à nier, pas à fuir, pas à rejeter. Elles nous permettent de sortir de la dualité et de retrouver notre Véritable Origine, en Réintégrant notre Divinité.

Gardons toujours en mémoire que nos parents biologiques (ou ceux qui les ont représentés) constituent de merveilleux "tremplins" sur notre chemin. Ils sont *nos tout premiers révélateurs* et détiennent "la clef" de notre accomplissement.

L'Homme ne pourra accomplir son Œuvre d'Alchimie *que s'il a accompli l'Œuvre d'Alchimie de ses parents en lui.*

Tant que l'être humain ne se connaîtra pas lui-même, qu'il n'acceptera pas "en lui" les deux principes masculin et féminin, yang et yin, ces deux puissantes énergies PÈRE-MÈRE[1] qu'il est venu unifier en son être, qu'il ne sera pas conscient de sa dualité, de ce qu'il véhicule, de sa façon de penser, des raisons pour lesquelles il entretient certaines croyances, certaines opinions, certaines habitudes et s'attache à certaines idées et façons d'être, il aura de la difficulté à donner un sens à sa vie et à trouver la Paix et la Félicité.

Plus l'Homme apprendra à Se Connaître, en étant observateur, *sans jugement*, de sa pensée, de ses réactions, de ses émotions, de ses sentiments, de ses intentions, de ses actions, plus il parviendra à une lucidité de plus en plus grande face à CE QU'IL EST et CE QUI EST.

Souvent absorbés par une vie trépidante, nous ne prenons pas le temps de réfléchir, d'observer, de ressentir, de nous poser des questions face à ce que nous sommes. C'est pourquoi nous allons chercher "à l'extérieur" l'aide d'un "guide", d'un "gourou", alors qu'il nous suffit de faire un retour en nous-mêmes pour être éclairés.

L'Ultime Réalité est en nous, dans l'Ici et Maintenant, au cœur de Notre Être.

---

[1] *"Cancer, Mon Chemin de Guérison...", Chapitre : "Répercussion dans la vie d'adulte de l'Harmonie ou de la Disharmonie avec nos attaches "PÈRE-MÈRE"", Éd. Arkhana Vox, 2001.*

Nous avons pris souvent l'habitude de nous identifier aux apparences : à notre corps physique, à notre personnalité, à nos parents, à ceux qui nous entourent, etc... mais bien au-delà de tous les "révélateurs" que nous rencontrons sur notre parcours, n'y-a-t-il pas notre âme et notre Esprit, reliés au Christ et au PÈRE ?

Ne sommes-nous pas avant tout "Enfants de DIEU" et Énergie de Vie venue se manifester dans la forme ?

Comme l'ont si bien dit de très grands sages :

"Nous sommes, en vérité,
un gouvernement suprême,
doué d'intelligence et de sagesse illimitées,
mais nous avons omis
de le comprendre."

Ramtha[(1)]

"Chaque âme est un soleil recouvert
par les nuages de l'ignorance,
et la différence entre une âme et une autre,
n'est due qu'à la différence de densité
entre ces couches de nuages."

Swami Vivekananda

Il est tout à fait concevable que nous ayons tendance à nous croire prisonniers des maillons du filet d'une destinée implacable, mais il est essentiel de comprendre que le libre arbitre dont nous disposons encore sur ce plan, si petit soit-il, nous laisse toujours le choix de réagir devant les événements et les situations :

- soit avec résistance, révolte, colère, peur, haine, vengeance, culpabilité ou tristesse,

---

(1) *Voir bibliographie : "Ramtha", Éd. ADA.*

- soit avec responsabilité, acceptation, détachement, lâcher prise, confiance, conscience, foi, et Amour[1].

C'est à l'Homme de décider de sa vie, et de réaliser que, au-delà de tous les rôles qu'est venue jouer cette personnalité, qui parfois le surprend, le déçoit ou le blesse, demeure Son Identité Divine qu'il est venu Réactualiser, exprimer et manifester dans LA JOIE DE SERVIR.

"Je crois que DIEU
Ce sont les hommes,
Et qu'ils ne le savent pas."

Jacques Brel

C'est grâce aux épreuves de sa vie,
Face à tous ses conflits,
À travers les difficultés qu'il rencontre devant lui,
Que l'Homme apprend à Se Connaître.

[1] *Voir bibliographie :* Marie Élia, *"Rencontre avec la splendeur – Le Pouvoir Guérisseur des Lettres Hébraïques", Éd. A.L.T.E.S.S. Paris.*

L'ATTENTION...
DANS L'INSTANT PRÉSENT

Un regard	♦ chaleureux ♦ compatissant ♦ émerveillé	➢ en soi ➢ sur soi ➢ sur les autres ➢ sur tout ce qui nous entoure ➢ sur tout ce qui vit ➢ sur CE QUI EST…
Un sourire	♦ lumineux ♦ éblouissant ♦ radieux	➢ en soi ➢ sur soi ➢ sur toutes nos cellules ➢ vers les autres ➢ autour de soi ➢ à la Vie…
Une écoute	♦ attentive ♦ compréhensive ♦ neutre	➢ à l'intérieur de soi ➢ à l'extérieur de soi ➢ aux autres ➢ à la Vie…
Une parole	♦ réconfortante ♦ apaisante ♦ valorisante	➢ en soi ➢ pour soi ➢ autour de soi ➢ à tous ceux qui marchent sur notre chemin…

Une pensée

- constructive
- bienveillante
- clémente

- en soi
- pour soi
- pour les autres
- pour tout ce qui nous entoure
- pour tout ce qui vit
- pour TOUT CE QUI EST...

Un geste

- charitable
- bienfaisant
- affectueux

- envers soi
- envers les autres
- envers tout ce qui VIT
- POUR LA VIE...

VOILÀ CE QU'ATTEND DE NOUS LA VIE !

Que ce soit à la maison ou au travail...

Que ce soit chez le coiffeur ou chez le médecin...

Que ce soit dans l'avion ou dans le train...

Que ce soit dans un endroit ou dans un autre...

DIEU invite l'Homme à porter son attention sur tout ce qui est créé, pour l'amener à ressentir et à vivre la Véritable Dimension de l'Amour, qui est l'Amour Impersonnel, Universel, sans attente, sans condition.

En effet, **l'être humain est venu apporter son attention à la Création**, afin qu'en l'observant, **il l'accueille** sans jugement, **la respecte** dans les moindres détails, **la bénisse, la vénère** et **l'aime** dans sa totalité, en comprenant les leçons qu'elle veut lui donner.

Nous parlons souvent d'Amour, mais avons-nous pris conscience que **la première marche** menant à l'Amour est

"L'ATTENTION" ?

L'ATTENTION nous ouvre à L'AMOUR.

Comment pouvons-nous dire que nous aimons quelqu'un ou quelque chose, alors que nous n'avons pas d'attention pour cette personne ou pour cette chose ! De plus, comment dire que nous aimons DIEU, si nous n'apportons pas notre attention à nous-mêmes, à ceux qui nous entourent et à tout ce qui vit, sachant que DIEU est Énergie de Vie et qu'IL VIT en TOUS et en TOUT !

Combien de paroles sont prononcées sans conscience : ***"J'aime les autres, mais je ne m'aime pas"*** ! Avons-nous réalisé qu'il est impossible d'aimer les autres, si l'on ne s'aime pas soi-même ? Il serait bon d'y réfléchir, car **tout commence par l'attention et le respect pour Soi-même**. C'est ainsi que l'on respecte le DIEU qui vit en nous.

Comment s'aimer et aimer les autres, si l'on ne prête pas attention à ce que l'on EST, c'est-à-dire : *à notre corps, à nos émotions, à nos réactions, à nos sentiments, à nos pensées, à nos paroles, à nos actes, et principalement, à l'Énergie vitale qui nous anime !*

Tout d'abord, il nous appartient de **prêter attention à notre corps physique** : aussi bien à nos cellules, à nos organes *(par exemple : à notre cœur et à ce qu'il ressent, etc...)*, qu'à notre santé. C'est en apportant à notre corps de la bienveillance, de la douceur, du respect et beaucoup d'Amour, que nous pourrons réellement "EXISTER". Pour ce faire, il est judicieux de le combler de bonnes choses et de belles énergies, tant dans le choix et la qualité de notre alimentation, et de nos diverses activités : *sportives, ludiques ou de travail,* que de nos relations sentimentales, amicales, professionnelles ou de loisirs.

C'est également **permettre à notre corps de se reposer et d'être ce qu'il est**, qu'il s'agisse de son aspect général ou de son intellect. C'est **l'accepter dans ses capacités, comme dans ses difficultés**, avec ses aptitudes et ses limites. C'est **le chérir et le bénir** pour tout ce qu'il nous permet de faire, d'expérimenter, d'exprimer, de regarder, d'entendre, de décider, de créer et de réaliser.

C'est ensuite à nos émotions et à nos réactions, qu'il est important d'apporter notre attention, en les accueillant sans jugement, afin de nous en libérer, ***en les reconnaissant comme des outils*** qui nous permettent d'ÊTRE, pour mieux nous connaître et d'avancer en conscience sur le chemin.

En offrant au DIEU de notre cœur toutes les émotions que nous avons choisi de vivre pour atteindre la neutralité, en comprenant qu'elles sont nécessaires à notre évolution, soyons assurés qu'IL saura les transmuter et nous apporter la sérénité. L'essentiel est de CROIRE en L'AMOUR du PÈRE, qui ne peut nous juger puisqu'Il anime La Création.

Quant à **ces pensées que nous croyons nôtres**, comment ne pourrions-nous pas y prêter attention, alors qu'elles **sont la base de notre vie, puisqu'elles créent en permanence notre présent et notre devenir** lorsque nous les captons dans l'Univers ?

Ne serait-il pas l'heure d'être prudents et vigilants, en nous rappelant que tout est boomerang dans le Cosmos, et que **nous récoltons ce que nous semons.** C'est pourquoi il est salutaire d'éviter les critiques qui reviennent inévitablement vers nous-mêmes. ***Il nous est cependant possible de déprogrammer, en conscience***, *"en l'accueillant pour ce qu'elle est"*, toute pensée de peur, de tristesse, de jalousie, de vengeance, d'accusation, de jugement, de condamnation ou de culpabilité, que nous avons pu nous approprier[(1)], *en la remplaçant par la Paix et la Lumière.*

En nous intéressant davantage aux valeurs morales, à la Lumière qui nous habite et que véhicule chaque être humain, nous capterons des pensées à Fréquences Supérieures qui régénéreront notre cerveau et dynamiseront tout notre être.

[(1)] "Cancer, Mon Chemin de Guérison...", Chapitre : "Le Corps Mental - Phrases de déprogrammation", Éd. Arkhana Vox, 2001.

D'autre part, il est essentiel d'être très attentifs aux paroles prononcées sur la Terre. Que ce soient celles que nous utilisons personnellement, vis-à-vis de nous-mêmes ou des autres, ou celles qui émanent de l'extérieur.

En effet, chaque mot ensemence immédiatement dans l'Univers une information vibratoire, qui reste mémorisée pour l'éternité, du fait qu'aucun son ne se perd. D'où l'importance d'**être conscients des paroles que nous prononçons**, et de choisir un langage chaleureux, bienveillant, apaisant, constructif, qui soit encourageant, valorisant et qui ne cherche pas à blesser, tout en restant authentiques.

Rappelons-nous aussi que notre corps est composé d'environ 80 à 82 % d'eau (et même 90 à 92 % dans le cerveau), et que ***l'eau étant le plus grand vecteur (véhicule d'information) qui soit, enregistre immédiatement en nous*** *tout ce que nous pensons, tout ce que nous disons et tout ce qui vient de l'extérieur* (paroles, sons, bruits, musique, images, etc...)[1]. L'eau possède une très grande mémoire.

Il est donc judicieux d'être observateurs et à l'écoute des messages et leçons que nous donne la vie, au travers de toutes les paroles qui nous sont adressées ou qui sont prononcées dans notre environnement, même par les médias. Tout est signe pour nous éclairer. DIEU s'exprime à travers TOUT.

Il en est de même dans les événements et circonstances que nous rencontrons sur notre parcours. C'est à chacun de décoder les informations ou les enseignements que notre âme désire nous transmettre.

N'oublions pas que nous attirons toujours à nous les énergies qui nous correspondent, et qui sont en résonance avec ce que nous portons en nous, afin de grandir et d'accomplir notre tâche sur la Terre.

---

[1] *Voir bibliographie :* Masaru Emoto, *"Les Messages cachés de l'Eau" - "L'Eau Mémoire de nos émotions" - "Le Pouvoir Guérisseur de l'Eau", Guy Trédaniel Éditeur.*
Voir bibliographie : Jacques Collin, *"L'Insoutenable Vérité de l'Eau", Guy Trédaniel Éditeur.*

Mais la plus grande attention qu'il nous soit demandé d'apporter, est envers Cette Énergie Sublime, Cette Lumière Divine qui nous fait vivre, Cette Essence Pure qui vibre en tout notre être, Cette Conscience Supérieure, que certains nomment *DIEU, PÈRE, MÈRE, CHRIST, SEIGNEUR, ÉTERNEL,* d'autres, *Grand Esprit, Grand Moi, SOI Supérieur, ÊTRE Suprême,* etc...

C'est en Reconnaissant Cette Présence Céleste, en l'Accueillant, en la Chérissant, en la Bénissant, en la Vénérant, en la Glorifiant, qu'il nous sera possible de devenir l'expression vivante de Cet AMOUR QUI VIT EN NOUS et de "LE RESSENTIR" en tous et en tout.

Lorsque nous aurons pris conscience de l'immense attention à apporter à ce DIEU que nous abritons, nos actes prendront une tout autre valeur. Nous réaliserons, *"enfin"*, que ce n'est pas notre petit moi, cette personnalité, qui agit, mais que c'est DIEU LUI-MÊME qui opère à travers nous. C'est alors que notre regard sur les êtres et sur les choses deviendra différent, et que nous comprendrons le sens de la vie et l'importance de SERVIR LE PLAN D'ÉVOLUTION.

Nous ne rechercherons plus la gloire personnelle dans nos créations, mais **nous œuvrerons seulement pour le bien de l'humanité et pour LA GLOIRE DU PÈRE.** Nous serons à même de LE RESSENTIR et de LE VOIR, en nous, en tout ce qui VIT sur Terre et en tout ce qui EXISTE dans l'Univers. Nous aurons alors réalisé qu'***"À LUI SEUL"*** APPARTIENT LA GLOIRE. Nos attitudes, nos habitudes, nos concepts se modifieront, car nous aurons abandonné nos réactions primaires, pour les remplacer par l'UNION SACRÉE AVEC LE PÈRE. C'est ainsi que nous enrichirons nos cellules par chaque sourire, chaque intention lumineuse, chaque parole réconfortante, qui apporteront la Vraie Paix du Cœur.

Oui, partout où nous nous trouvons sur la Terre, ***il nous est possible d'avoir une attention bienveillante et compatissante*** pour tous les individus, les animaux, les minéraux, les végétaux, que nous rencontrons sur notre route. N'oublions jamais que TOUT FAIT PARTIE DU TOUT, que TOUT EST RELIÉ À NOUS, dans le visible comme dans l'invisible, et que TOUT EST DIEU. C'est là que l'inconscience, l'insouciance et l'indifférence prennent une grande place dans l'humanité.

De ce fait, **comment pouvons-nous prétendre aimer la vie, si l'ATTENTION n'est pas présente dans notre vie !**

Comment parler d'Amour aussi facilement, alors que l'Amour, ce n'est pas simplement être attaché à quelqu'un ou à quelque chose, c'est avant tout "AVOIR DE L'ATTENTION" !

AIMER, c'est toujours laisser l'autre LIBRE
D'ÊTRE CE QU'IL EST,
EN PRÊTANT ATTENTION
aux paroles que nous prononçons
et aux gestes que nous posons à son égard.

C'est RESPECTER L'AUTRE DANS SA DIFFÉRENCE, et lui permettre d'exprimer ses vrais désirs, ses vrais besoins, ses réelles possibilités, ses réelles valeurs, **en RENONÇANT À GÉRER SA VIE**.

C'est L'AUTORISER À EXPÉRIMENTER ce que son âme a choisi de vivre, **DANS L'ATTENTION PERMANENTE ET LE RESPECT** de cette personnalité qui est la sienne, sans chercher à *"la changer"*.

L'attention peut se manifester de multiples façons :

- **à la maison**, avec notre famille, nos parents, nos frères, nos sœurs, nos enfants, etc… en ayant une ***écoute attentive et compréhensive, et une parole chaleureuse, encourageante et réconfortante***, face à ce qu'ils peuvent ressentir, exprimer, ce qu'ils vivent et ce qu'ils manifestent, en sachant **les respecter, les apprécier, les reconnaître** dans ce qu'ils sont, en les considérant et en les valorisant. De plus, n'hésitons pas à leur démontrer notre affection, en leur témoignant notre Amour, en les prenant dans nos bras, en les serrant contre notre cœur, pour partager leur belle énergie d'Amour et de tendresse. **Ceci est très important, pour exister vraiment, et pour éviter d'avoir à regretter plus tard, lorsqu'ils nous auront quittés, de ne pas l'avoir fait...**

- **à la poste**, avec le postier, la postière, par un comportement courtois et respectueux...

- **au supermarché**, avec le caissier, la caissière, par une attitude bienveillante...

- **dans les magasins**, avec les vendeurs, les vendeuses, par un sourire ou un mot aimable...

- **dans l'autobus, le métro, le tramway, le car, le train**, tout autre moyen de transport, où cela est possible, avec le conducteur, la conductrice, ainsi qu'avec toutes les autres personnes présentes, **en les respectant, en les considérant**, par un regard sympathique, un mot agréable, et pourquoi pas, en offrant notre place à une personne plus âgée, enceinte, handicapée ou chargée d'un jeune enfant dans les bras...

- **dans les gares, les aéroports, tous les endroits publics** où des milliers de personnes circulent quotidiennement, en étant plus attentifs à ce qui se produit autour de nous, dans l'instant présent...

- **dans la rue**, par un sourire, un geste ou une parole chaleureuse et apaisante, envers quelqu'un en difficulté...

- **dans tous les endroits où nous nous rendons**, en prenant le temps de dire *"BONJOUR", "S'IL VOUS PLAÎT", "MERCI", "AU REVOIR"*, en sachant sourire et adresser à tous ceux que nous croisons, une parole d'encouragement, ou en leur souhaitant une merveilleuse journée...

- **dans tous les lieux où nous vivons habituellement**, face aux objets qui se trouvent autour de nous ou dont nous avons l'utilité au quotidien, **en étant attentifs et conscients de tous les gestes que nous posons**, et en respectant tout ce que la vie nous a confié pour l'expérimenter…

- **dans la nature**, en prenant conscience que tout ce qui la compose est *sacré* : les forêts, les arbres, les végétaux, les plantes, les fleurs, les minéraux, les insectes, tous les animaux, puisqu'ils sont animés de l'Énergie Divine, et que de ce fait, **il est essentiel de leur apporter le plus grand respect, la plus noble attention, et surtout de ne pas les détruire intentionnellement**.

Lorsque l'être humain aura réalisé qu'IL N'EST PAS SÉPARÉ DU TOUT, mais qu'il fait UN AVEC DIEU et AVEC TOUT, il aura de l'ATTENTION POUR LUI-MÊME, pour tous ses frères de la Terre et POUR TOUT CE QUI EXISTE. IL VERRA DIEU EN TOUS ET EN TOUT.

L'ATTENTION
conduit
à l'Accueil,
au Respect,
à l'Émerveillement
et au VÉRITABLE AMOUR.

L'INTENTION

Quel mot peut mieux traduire et induire la Force et la Puissance de nos pensées, de nos paroles et de nos actions ?

TOUT RÉSIDE DANS L'INTENTION qui demeure derrière chacun de nos gestes et chacune de nos manifestations.

Sans doute serait-il judicieux d'observer l'intention qui nous pousse à penser, à parler, à agir, à chaque seconde de notre vie.

En effet, il est intéressant de savoir si la noblesse de notre cœur est toujours à la source de tout ce que nous faisons sur la Terre.

Nous est-il possible de reconnaître et d'affirmer, avec lucidité et en toute authenticité, que toutes nos intentions sont pures ? Ne sont-elles pas, **parfois, animées *"de l'attente de ce qui semble nous manquer"***, c'est-à-dire, d'un désir réel d'obtenir de la reconnaissance, de la considération, de l'estime, de l'attention, de l'admiration, de la gratitude, de l'affection, de la tendresse, de la douceur, de l'Amour ou tout autre chose, comme le pouvoir et l'argent, dont nous pouvons nous sentir frustrés ?

Maintes actions sont basées sur des émotions trop longtemps refoulées, telles que : *la peur, la frustration, la jalousie, la tristesse, le doute, la colère, la révolte, la résistance, la rancœur, le ressentiment, l'amertume, le remords, la culpabilité, la vengeance, la souffrance et quelquefois même la haine,* émotions "connues ou non reconnues".

Or, ces agissements découlent d'un manque, *"mal vécu",* presque toujours comblé par un phénomène de compensation.

Prenons l'exemple d'une personne qui fait souvent le clown, paraissant toujours joyeuse, prête à rire et à distraire son entourage, et qui **véhicule secrètement**, au plus profond d'elle-même, **une réelle tristesse.** Afin de pouvoir exister et *"survivre"*, cette personne a compensé sa tristesse par une joie apparente excessive, et c'est le cas de bon nombre d'entre nous. Il suffit d'observer les clowns dans un cirque, qui, leur maquillage retiré, sont souvent très tristes.

Ce phénomène de compensation se retrouve dans de nombreuses émotions refoulées ou occultées, telles que la rancœur et la haine, qui vont se manifester par un excès de *"gentillesse"* et de *"sociabilité"* afin d'attirer l'affection, la reconnaissance, la considération, l'estime et l'Amour dont la personne se sent privée.

Il en est ainsi pour toutes les émotions refoulées ou occultées dont l'énergie de souffrance reste encore active, et qui vont chercher à être compensées par des actions très éloignées de la vérité.

Inutile de nous voiler la face. Ce phénomène de compensation peut nous aider à retrouver, *temporairement*, un certain équilibre, souvent illusoire, qui va nous permettre de mieux accepter notre programme, en nous apprenant à vivre notre histoire personnelle.

Cependant, il est bon d'être vigilants car, à long terme, **ces comportements irréels, qui nous font vivre dans *"le mensonge à nous-mêmes"*, vont nous conduire dans la maladie**, du fait que nous n'avons **pas su exprimer** ce qui demeurait au plus profond de notre être.

De ce fait, nos véritables intentions n'ayant pu se manifester avec sincérité - bien qu'inconsciemment - nous ne pouvons nous sentir heureux. Car **seule l'authenticité peut nous apporter la vraie joie, la vraie sérénité, le vrai bonheur**.

Reconnaissons avec lucidité et en toute humilité que nous nous sommes tous, un jour ou l'autre, sentis envahis par de telles émotions. De nombreuses souffrances, ayant encore de la difficulté à être évacuées, sont restées encodées et mémorisées en nous. Ces émotions ont le droit d'être respectées, elles font partie de *"notre humanité"*, qui *attend d'être accueillie*, acceptée, aimée par nous-mêmes, *pour ce qu'elle est,* afin de pouvoir se transformer.

C'est dans cet accueil, cette acceptation, cet Amour et ce non vouloir que toutes nos zones d'ombre vont retrouver La Lumière de L'UN. Car le véritable vide "en nous", c'est le vide de DIEU.

Il est important de se souvenir que **"LE VOULOIR CRÉE UN MUR"**, alors que ***"L'ACCEPTATION DU PIRE PERMET AU MEILLEUR DE S'ACCOMPLIR"***.

Plus la qualité et la vérité de nos intentions sont grandes, plus la réussite de notre vie est belle.

Rappelons-nous aussi que **nous enrichissons nos cellules par la valeur de nos intentions.** Toute pensée, toute parole, toute action, est normalement conçue pour œuvrer dans le bien et l'évolution de tous.

La plus noble des intentions ne serait-elle pas de **quitter *"L'ANCIEN"* pour découvrir *"LE NOUVEAU"*** ? Cela veut dire qu'il nous suffit d'abandonner les vieux schémas, les fausses croyances, les concepts erronés, **pour découvrir *"LA VRAIE RÉALITÉ DE LA VIE",*** en nous détachant de l'illusion de l'apparence, **POUR RECONNAÎTRE LE DIVIN,** à travers chaque être, chaque créature ou chaque expérience se présentant à nous. Ainsi nous pourrons renoncer à nos limitations, afin de bénéficier pleinement de notre force de vie et des véritables potentiels de notre Nature Divine, en exprimant réellement CE QUE NOUS SOMMES à travers tous nos pouvoirs célestes.

C'est alors que nous sera révélée la valeur d'une intention très pure, issue de l'Amour Infini qui aspire seulement à *"ÊTRE"* et à *"SERVIR"*.

"Le service
Est l'instinct de l'âme."

Alice A. Baley

Lorsque l'intention sera animée du désir de Servir l'Humanité, nous nous sentirons reliés à la Source Suprême qui EST DIEU et TOUT NOUS SERA POSSIBLE.

LA QUALITÉ DE NOTRE INTENTION

détermine la pureté de notre âme.

L'APPROPRIATION

Depuis la nuit des temps, notre désir d'appropriation est réel. Bien qu'il ait sa raison d'être, il nous procure bien des souffrances, en nous amenant souvent à vivre de douloureux détachements. De plus, il nous éloigne de la Source Infinie d'Amour, qui est partage et UNITÉ avec LE TOUT.

Dès l'enfance, nous entrons dans ce schéma de possession : ***mon*** *père,* ***ma*** *mère,* ***mon*** *grand-père,* ***ma*** *grand-mère,* ***mon*** *frère,* ***ma*** *sœur,* ***mon*** *oncle,* ***ma*** *tante,* ***ma*** *nounou,* ***"mon*** *doudou",* ***mon*** *lit,* ***mes*** *vêtements,* ***mes*** *chaussures,* ***mes*** *jouets,* etc... et pourtant, nous savons depuis toujours que **RIEN**, sur cette Terre, **NE NOUS APPARTIENT**. **Nous ne vivons que "sur l'emprunt"**.

Lors de notre départ de ce plan, il est incontournable de "tout abandonner", de "tout laisser", de "tout rendre à l'Univers" qui est Principe de Vie, qui EST DIEU.

Que ce soient tous les êtres qui nous sont chers, que ce soient tous les biens que nous avons acquis, tous les palmarès que nous avons obtenus, toutes les facultés que nous avons exploitées, ainsi que ce corps physique qui nous a été confié pour *expérimenter la vie*, **nous n'emportons RIEN** avec nous le jour du "grand passage", **si ce n'est la qualité de notre âme, la sagesse que nous avons acquise, et la conscience que nous avons réactualisée**.

Bien que tout soit éphémère et illusoire, nous vivons cependant dans l'attachement permanent à tous et à tout.

Les adjectifs possessifs "MON, MA, MES", constamment utilisés, nous entraînent vers une dépendance inévitable. Ils sont le reflet de cet attachement démesuré que nous véhiculons en nous depuis des siècles. Ils nous enchaînent *à l'Avoir* et *au Pouvoir*.

Combien de fois prononçons-nous ces paroles :

ma *lignée,*	***ma*** *famille,*	***mes*** *parents,*
mon *père,*	***ma*** *mère,*	***mes*** *enfants,*
mon *fils,*	***ma*** *fille,*	***mon*** *gendre,*
mon *frère,*	***ma*** *sœur,*	***mon*** *cousin,*
mon *mari,*	***ma*** *femme,*	***mon*** *voisin,*
mon *ami,*	***mon*** *patron,*	***mon*** *médecin,*
mon *vélo,*	***mon*** *chat,*	***mon*** *chien,*
ma *voiture,*	***ma*** *maison,*	***mon*** *jardin,*
mon *portable,*	***mon*** *ordinateur,*	***ma*** *télévision,*
mes *lunettes,*	***mes*** *médicaments,*	***mes*** *relations,*
mon *boucher,*	***mon*** *poissonnier,*	***mon*** *boulanger, etc...!*

Il serait aisé de dresser une liste interminable de choses diverses ou de règnes : minéraux, végétaux, animaux, êtres humains, devant lesquels les adjectifs possessifs trouveraient leur place.

Même notre corps ne nous appartient pas, pas plus que notre cœur, nos bras, nos mains. Tout nous a été "confié" afin d'exprimer et d'expérimenter.

Nous disons aussi, souvent, *"mes pensées"* mais, comme je l'ai déjà expliqué dans cet ouvrage, en réalité, chaque pensée existe par elle-même, pour elle-même. Elle devient nôtre, à partir de l'instant où nous la captons dans l'Univers, et que nous l'alimentons de nos intentions et de nos sentiments. Ce n'est que l'illusion de l'appropriation.

Aussi, si une pensée sombre ou douloureuse, que nous nommons *"négative"*, arrive vers nous, ne la rejetons pas, ne la condamnons pas, accueillons-la, respectons-la et bénissons-la. Enveloppons cette pensée d'une immense Lumière Violette, qui représente l'Énergie de Purification et de Libération, puis offrons cette pensée au DIEU de notre cœur, afin que, dans Son Amour Infini, Il la transmute en Pure Lumière.

Avons-nous réfléchi un instant à ce désir d'appropriation, à cette façon d'être, qui nous est coutumière et qui nous vient de très loin ?

Qu'avons-nous au juste peur de perdre ? Pourquoi, par la possession, cherchons-nous sans cesse à nous sécuriser ? **Avons-nous réellement besoin de posséder pour EXISTER ?** Ce besoin ne cacherait-il pas un manque ? Et, ce manque, ne serait-il pas relié à **l'oubli de nos origines et de notre Véritable Identité Divine** ?

N'oublions jamais que, tant que nous cherchons à posséder et à nous approprier quoi que ce soit, la souffrance peut apparaître. Les seuls biens avec lesquels nous repartirons de cette planète seront le niveau de conscience que nous aurons atteint, au cours de toutes nos expériences, et la valeur authentique et désintéressée de notre Amour. TOUT EST ÉNERGIE et n'appartient à personne. TOUT FAIT PARTIE DU TOUT ET RETOURNE AU TOUT.

Khalil Gibran l'a très bien exprimé dans son merveilleux ouvrage *"LE PROPHÈTE"* [(1)], tout particulièrement lorsqu'il dit à une femme qui portait un enfant :

"Vos enfants ne sont pas vos enfants.
Ils sont les fils et les filles
de l'appel de la Vie à elle-même.
Ils viennent à travers vous, mais non de vous.
Et bien qu'ils soient avec vous,
ILS NE VOUS APPARTIENNENT PAS.
Vous pouvez leur donner votre amour
mais non point vos pensées,
car ils ont leurs propres pensées.
Vous pouvez accueillir leur corps
mais pas leurs âmes,
car leurs âmes habitent la maison de demain,
que vous ne pourrez visiter, pas même dans vos rêves..."

[(1)] *Voir bibliographie :* extrait de l'ouvrage *" Le Prophète",* Khalil Gibran, *Éd. Casterman.* Avec l'aimable autorisation des auteurs et des Éditions Casterman.

Serons-nous, un jour, capables de nous libérer de ce sentiment d'appropriation et de possession que nous véhiculons depuis si longtemps, et qui est source, pour chacun d'entre nous, de tant de tourments nous empêchant d'être "libres" et de laisser les autres "libres" ?

Pourquoi, certaines fois, éprouvons-nous aussi l'envie de posséder ce qui appartient aux autres, ou ce qui nous paraît mieux que ce que nous détenons déjà ?

Pourquoi souhaitons-nous quelquefois devenir ce que sont les autres, estimant leurs aptitudes et leurs capacités plus nombreuses ou plus importantes que les nôtres ?

Notre habitude à toujours faire des comparaisons, à entrer en compétition, à vouloir *sans cesse* gagner, à être les premiers, est basée, non pas sur notre manque d'AVOIR, mais sur notre **manque d'ÊTRE**.

Mère Teresa en est le meilleur exemple, et l'exprime fort bien au travers de la phrase suivante :

"J'ai perdu l'Avoir pour l'ÊTRE,
et paradoxalement, par l'ÊTRE
Je me suis enrichie."

N'est-il pas essentiel de nous ouvrir à cette Force d'Amour, à cette Source bienfaisante, à cette aspiration de transcendance, qui ne va pas dans le sens d'acquérir continuellement de nouvelles choses, mais d'accueillir *"dans la joie"* ce que l'on a ?

L'heure n'est-elle pas venue de réaliser que ce qui se trouve dans notre vie correspond à un programme bien précis, qui est en mesure de nous satisfaire si nous l'acceptons ? Il ne s'agit pas de fatalité, mais d'un choix fait en toute lucidité par notre âme, choix que refuse, très souvent, la personnalité.

Bien que **l'abondance** soit un **noble désir**, souvent préconisé dans certains ouvrages et certains stages de développement personnel, ne nous méprenons pas sur la valeur du mot ABONDANCE.

En effet le terme ***"abondance"*** ne se rapporte pas seulement aux biens matériels ou à l'argent. C'est avant tout ***UN ÉTAT D'ÊTRE DE PLÉNITUDE ET D'ABSOLU, OÙ "L'ÊTRE" PREND TOUTE SA PLACE***.

Chaque être humain aspire profondément, mais souvent inconsciemment, à cet ÉTAT D'ÊTRE. Seulement il se perd souvent dans une course effrénée vers l'AVOIR, ignorant que **ce n'est pas l'avoir qui rend heureux, mais L'ÊTRE**...

"AVOIR" de l'argent...

"ÊTRE" HEUREUX...

Ne confondons pas les deux verbes : AVOIR et ÊTRE.

- **"AVOIR", se réfère davantage à l'appropriation, à la possession**, bien que parfois, il puisse se rapprocher d'un état : *avoir faim... avoir chaud... avoir froid... avoir peur... avoir de la colère... avoir de la joie... etc.*

- **"ÊTRE", rejoint l'Essence même de toute créature. C'est un état** beaucoup plus subtil **QUI EST QUALITÉ ET AUTHENTICITÉ DE LA PRÉSENCE**, relié au cœur et au tout. **Cet état d'ÊTRE ouvre au "discernement conscient"**, tant dans le choix des actes que nous posons, que dans les paroles que nous prononçons. Il est parfois juste de poser des *"actes conscients"* qui soient très déterminés, pouvant même paraître rigoureux ou incompréhensibles, comme de prononcer des *"paroles conscientes"* très fermes ou parfois très douces, ou fermes et douces à la fois. Seul ***l'ÉTAT D'ÊTRE RELIÉ À LA SOURCE***, nous donne la possibilité de le faire sans culpabilité, dans l'Amour. **C'est cela "ÊTRE AMOUR" et non avoir de l'Amour**.

Les verbes AVOIR et ÊTRE représentent deux objectifs de vie différents, bien qu'ils cherchent à se rejoindre pour atteindre l'Unité. Rien ne sert de les juger, ils font partie de l'humanité. Il suffit d'observer ce qu'ils sont venus nous enseigner, chacun d'entre eux nous donnant des leçons pour grandir et nous accomplir.

De plus, comprenons qu'avant de nous incarner sur ce plan, nous n'avons pas tous programmé d'être "riches matériellement", cette expérience ayant déjà pu être exploitée dans un lointain passé.

Certaines âmes, en toute conscience, ont fait **le choix du dépouillement, dans le détachement et le renoncement, afin de quitter l'AVOIR, pour grandir dans l'ÊTRE**. C'est pourquoi l'acquisition de leurs richesses se manifeste principalement "en elles", au niveau de l'ouverture de leur cœur et de l'Amour qu'elles ressentent en elles, pour elles et le DIEU QUI LES HABITE, afin que cet Amour se déverse sur tous les règnes, tous les éléments et tout ce qui les entoure. Il n'y a pas à comparer ou à condamner. Chaque âme est libre de ses choix.

En réalité, **l'abondance est dans le cœur**, et dans l'Amour Divin qu'il est capable d'accueillir et de partager. **Le terme "abondance" est en relation directe avec tous les états d'être susceptibles d'apporter le bonheur et la paix intérieure**, tels que : *la force de vie, la santé, le courage, la confiance en soi, la joie, la foi, la patience, la tolérance, la bienveillance, la compassion, la conscience, la connaissance, la vérité, l'intégrité, la liberté d'être et d'exprimer ce que l'on EST VRAIMENT, l'intelligence du cœur, la sagesse, la beauté de l'âme, la félicité et l'UNITÉ dans l'Amour qui n'attend rien puisque conscient d'ÊTRE LE TOUT.*

Tout le reste n'est qu'illusoire et éphémère.

En renonçant à tout ce que les autres possèdent, et ***en nous contentant*** de ce que nous avons et de ce que nous sommes, ***nous découvrons davantage NOTRE VÉRITABLE IDENTITÉ.***

C'est en cherchant, sans cesse, à acquérir ce que nous propose la société de consommation qui exacerbe continuellement nos désirs par l'intermédiaire des médias, ***que nous nous empêchons d'aller au cœur de nous-mêmes, de grandir dans L'ÊTRE et de prendre réellement conscience de la tâche qu'est venue accomplir notre âme sur la Terre.*** De ce fait, nous avons de la difficulté à apprendre à vivre avec notre propre histoire et à l'accepter.

Lorsque nous nous centrons sur nous-mêmes, nous ne sommes plus absorbés par tous les objets que nous accumulons au cours de notre vie, ne serait-ce qu'inconsciemment, pour combler les manques que nous éprouvons en nous. Ces objets reprennent, alors, leur juste valeur émotionnelle. Nous savons les utiliser et les entretenir avec joie, mais d'une manière beaucoup plus détachée, en appréciant leur harmonie et leur beauté, et en respectant le rôle qu'ils jouent pour nous permettre d'exister. C'est ainsi que nous réalisons qu'ils ne nous appartiennent pas vraiment, et que **l'Essentiel est ailleurs**.

C'est à chacun de choisir le chemin qui lui convient le mieux :

- L'appropriation
- La possession
- L'attachement

} = SOUFFRANCE

- Le détachement
- Le renoncement
- Le contentement

} = DÉLIVRANCE

♦

C'est toujours dans le Silence Intérieur que nous apprenons à nous connaître vraiment, et que nous pouvons combler nos manques par notre relation permanente avec l'ÊTRE DIVIN qui nous habite, dans la recherche de L'UNITÉ avec LUI.

"LUI SEUL" nous accueille,
"LUI SEUL" nous accepte,
"LUI SEUL" nous aime,

TELS QUE NOUS SOMMES.

Laissons-LUI toute la place, et faisons-LUI confiance !

La Vraie Vie est "EN LUI",

LUI SEUL PEUT COMBLER NOS VIDES.

L'ATTENTE

Attendre Qui ?

Attendre Quoi ?

***"L'attente"**,* voilà un mot qui nous donne à réfléchir.

- ♦ Qu'attendons-nous au juste de ce passage sur Terre ?
- ♦ Qu'attendons-nous de notre vie ?
- ♦ Qu'attendons-nous de chacune de nos journées ?
- ♦ Qu'attendons-nous de nos rapports avec les autres ?
- ♦ Qu'attendons-nous des individus que nous côtoyons ?
- ♦ Qu'attendons-nous des personnes avec qui nous travaillons et du choix de notre profession ?
- ♦ Qu'attendons-nous des êtres qui nous sont chers et pour lesquels nous éprouvons de l'affection ?
- ♦ Qu'attendons-nous de cette personnalité qui nous a été "confiée" pour expérimenter la dualité ?
- ♦ Qu'attendons-nous de cette Source d'Amour Infini, qui nous alimente continuellement, et qui ne demande qu'à s'expanser à travers nous ?

Tant de questions qui souvent sont restées sans réponse.

Mais en fait, nous sommes-nous vraiment posé ces questions ? Ne serait-il pas intéressant de s'y attarder, pour connaître ce qui sommeille au plus profond de nous-mêmes, et qui nous entraîne dans tant de frustrations ?

Il me semble opportun de prendre conscience que **l'attente est souvent source de souffrance, lorsqu'elle n'est pas comblée**. La souffrance est le résultat d'une résistance au moment présent. C'est une forme de non acception de CE QUI EST, et l'intensité de notre souffrance correspond toujours à l'importance de notre résistance à ce qui est vécu dans l'instant.

L'attente est un état d'esprit qui fait sans cesse appel au futur. Aussi, essayons d'analyser nos attentes et ce qu'elles représentent. Ne seraient-elles pas basées sur des vides ou des manques, qui restent à combler en nous ?

Ne nous suffirait-il pas d'être, tout simplement, réceptifs à l'énergie de vie *"du moment"*, en réalisant que rien n'arrive sur ce plan, qui ne fasse partie du Dessein Divin, tout étant juste et nécessaire pour notre accomplissement.

Lorsque nous nous sommes incarnés sur cette planète, seule notre âme Supérieure connaissait le but à atteindre et la tâche qui nous était dévolue. La personnalité, quant à elle, ignorait "le contenu du contrat", c'est la raison pour laquelle, il lui semble parfois *tourner en rond*, se sentant insatisfaite et déçue de ce qu'elle vit. C'est seulement au moment où elle entre dans son axe, **en trouvant "sa vraie place"**, qu'elle ne se pose plus de questions et qu'**elle n'attend pas autre chose que CE QUI EST**, sachant que **TOUT S'ACCOMPLIT**. C'est alors qu'elle découvre la paix intérieure.

Cependant, il n'y a pas à nier l'attente, ni à la rejeter, bien au contraire, accueillons-la et respectons-la, car pour la personnalité, elle est vitale, elle a sa raison d'être. Il suffit simplement de l'observer, de la comprendre et d'apprendre à la gérer.

Derrière l'attente, n'y aurait-il pas une preuve de notre manque affectif :

- manque *de reconnaissance*
- manque *de considération*
- manque *d'attention*
- manque *d'estime*
- manque *de respect*
- manque *d'écoute*
- manque *de compréhension*
- manque *de communication*
- manque *de patience*
- manque *de tolérance*
- manque *de bienveillance*
- manque *de présence*
- manque *de douceur*
- manque *de chaleur*
- manque *de tendresse*
- manque *d'affection*
- manque *d'acceptation*
- manque *de compassion*
- manque *d'accueil*
- manque *D'AMOUR*

PRINCIPALEMENT ENVERS NOUS-MÊMES ?

C'est la raison pour laquelle **nous attendons toutes ces manifestations de l'extérieur**. Nous considérons que ce sont *les autres* qui sont en mesure de nous apporter ce qui nous manque, alors que celui qui est conscient de la Présence Divine "en lui", sait qu'il possède déjà tout cela au cœur de lui-même. De ce fait, il n'attend pas sans cesse de son entourage ce qu'il est à même de puiser en son Être intérieur.

➢ Ce que l'Homme attend principalement de son passage sur Terre, ne serait-ce pas

L'AMOUR ?

- Ce que l'Homme attend de Sa Vie, ne serait-ce pas de recevoir cet Amour et de pouvoir le donner ?
- Ce que l'Homme attend de chacune de ses journées, ne serait-ce pas de devenir le témoignage vivant de cet Amour et de le rayonner ?
- Ce qu'il attend de ses rapports avec les autres, c'est de vivre en parfaite harmonie, dans la compréhension et l'acceptation des différences.
- Ce qu'il attend des individus qu'il côtoie, et des personnes avec lesquelles il travaille, c'est d'être apprécié, reconnu, considéré, respecté. Quant à son choix professionnel, le conduisant vers une certaine situation, il en attend d'être récompensé pour l'énergie qu'il déploie, afin de se sentir également sécurisé.
- Ce que l'Homme attend des êtres qui lui sont chers, et qui représente pour lui un besoin essentiel, c'est la compréhension, l'écoute, les échanges, la tolérance, la patience, l'attention, le respect, la tendresse, la douceur, la chaleur, la présence, la bienveillance, la compassion et l'Amour.
- Ce qu'il attend de cette personnalité, que son âme a choisie pour venir expérimenter la dualité, c'est avant tout l'équilibre de ses émotions, dans la conscience qu'il est, bien au-delà de cette personnalité, relié Au Père, et qu'ainsi il peut s'accepter dans SA TOTALITÉ et OSER ÊTRE CE QU'IL EST, afin de SE RÉUNIFIER.
- Ce que l'Homme attend, enfin, de Cette Source d'Amour Infini, qui l'alimente continuellement, et qui ne demande qu'à s'expanser à travers lui, c'est qu'Elle soulève définitivement, devant ses yeux, les voiles de l'ignorance et de l'illusion. Il aspire aussi à ce qu'Elle lui révèle Sa Véritable Identité, afin qu'il puisse réintégrer Sa Divinité, pour connaître la dimension de l'Amour Impersonnel.

C'est alors, qu'il se transforme en un flambeau d'Amour vivant sur Terre et qu'il devient conscient de son Unité avec LE TOUT, en suivant le sentier de la joie.

Voilà, en somme, ce que l'Homme qui s'éveille attend de son passage ici-bas. Lorsqu'il aura accompli sa tâche, qui est D'UNIR L'ESPRIT DIVIN à la matière, il sera en mesure de quitter ce plan, et sera heureux d'avoir expérimenté, manifesté et exprimé tous les attributs de La Divinité. Ainsi, il aura permis à l'ombre de se transmuter en Lumière, par sa simple Présence Consciente d'Être le JE SUIS.

Peut-être qu'un jour,
Si nous sommes Sages,
Cesserons-nous d'attendre quelque chose,
Et serons-nous heureux
D' "ÊTRE", tout simplement !

L'ADAPTATION

S'adapter à la vie...

♦ **S'adapter**	à	*toute personne...*
♦ **S'adapter**	à	*toute attitude...*
♦ **S'adapter**	à	*tout comportement...*
♦ **S'adapter**	à	*tout état d'être...*
♦ **S'adapter**	à	*toute situation...*
♦ **S'adapter**	à	*toute circonstance...*
♦ **S'adapter**	à	*tout événement...*
♦ **S'adapter**	à	*tout changement...*
♦ **S'adapter**	à	*l'absence...*
♦ **S'adapter**	à	*la solitude...*
♦ **S'adapter**	au	*temps...*
♦ **S'adapter**	au	*bruit comme au silence...*
♦ **S'adapter**	à	*l'instant présent...*
etc...		

❀ Chercher à comprendre le sens réel de tout ce qui nous arrive...

❀ Savoir tirer les leçons et les enseignements que désire nous donner la vie...

❀ Réaliser que notre vie est le reflet et le résultat de nos décisions et de nos choix (même inconscients)...

- Prendre conscience que toutes nos expériences, tous nos soucis, toutes nos épreuves, ainsi que toutes les difficultés et tous les obstacles que nous rencontrons sur notre chemin, ne sont pas là pour nous amoindrir, nous écraser, nous dévaloriser ou nous décourager ; bien au contraire, ils sont là pour nous permettre de découvrir le véritable sens de la vie et nos réelles valeurs...

Voilà ce qui peut nous donner la possibilité d'être heureux et de faire de notre vie *"une Œuvre d'Art"*.

Savoir s'adapter, à tous et à tout, nous libère, à jamais, de nos résistances, de nos peurs, de nos angoisses. Cela nous conduit à faire totalement confiance à ce que nous présente la réalité du moment, en intégrant que tout est juste et nécessaire à notre évolution.

C'est ainsi que nous assumons totalement notre vie, et que nous pouvons lui dire un **"GRAND OUI"**, accompagné d'un **"MERCI"**, en vivant pleinement l'instant présent, en cessant de nous soucier du passé ou du futur, sachant que, sur les autres plans, tout est déjà accompli.

L'adaptation nous permet de regarder le présent comme ***"un cadeau"*** qui peut parfois nous paraître *"assez mal emballé et très mal présenté"*. Il appartient à chacun de "voir au-delà de l'emballage".

LE PRÉSENT = "un présent"

L'important est d'observer notre vie avec *un Autre Regard*, une Nouvelle Conscience, et surtout Beaucoup plus d'Amour.

C'est alors que la vie peut nous sourire, et ainsi nous apporter le meilleur de ce qui nous est destiné.

En ouvrant notre cœur à cette dimension de conscience, en voyant l'Essentiel derrière l'apparence, nous nous donnons la possibilité de ***"réinventer notre vie"*** et de participer à ***"créer un nouveau monde"*** qui pourra devenir beaucoup plus vrai, beaucoup plus beau.

L'ADAPTATION
nous amène à célébrer la vie
et
à faire de celle-ci
UNE DIVINE SYMPHONIE.

La communication

Ne sommes-nous pas au siècle dit

"Siècle de la COMMUNICATION" ?

Et pourtant… ! Et pourtant… !

Qui communique avec qui ?
Qui communique avec quoi ?
J'ai beau observer autour de moi…
J'ai beau écouter autour de moi…

Je ne comprends toujours pas où se trouve la VRAIE communication.

- Tout le monde *"court à son portable…" !*
- Tout le monde *"court à son baladeur…" !*
- Tout le monde *"court à ses écouteurs…" !*
- Tout le monde *"court à son ordinateur…" !*
- Tout le monde *"court à son internet…" !*
- Tout le monde *"court à sa télévision…" !*
- Tout le monde *"court à ses jeux vidéo…" !*

etc…

Mais, où sont les véritables échanges humains dans tout cela ?

Pourquoi préférons-nous *"le VIRTUEL"* ?

- Combien d'entre-nous "prennent le temps" tout d'abord, de ***communiquer avec eux-mêmes, avec leur Être Intérieur*** *?*
- Combien d'entre-nous ***communiquent réellement avec ceux qu'ils ont choisi de côtoyer pour évoluer***, et comprendre ce que la vie désire leur apprendre ou leur révéler ?
- Combien d'entre-nous ***communiquent dans l'Amour et l'authenticité*** avec :

    - leur famille, leurs grands-parents, leurs parents,
    - leurs frères, leurs sœurs,
    - leur mari, leur femme,
    - leur compagnon, leur compagne,
    - leurs enfants, leurs amis,
    - leurs collègues, leurs voisins,
    - les êtres connus ou inconnus,
    - les êtres de toute race,

        de toute couleur,

        de toute confession, etc… ?

Inutile de nous mentir à nous-mêmes. Il est évident qu'il nous est difficile de "nous dévoiler" en toute circonstance. Il nous paraît plus facile de prendre du recul avec nos proches afin de ne pas avoir à trop nous impliquer, préférant échanger avec *"ce qui est au loin"*, *"ce qui est au-dehors"*, *"ce qui est à l'extérieur"*.

Reconnaissons que cela nous coûte parfois, de communiquer avec *ce qui est en nous,* avec *nos vraies émotions, nos vraies sensations, nos vrais sentiments,* avec *ceux qui nous sont chers,* craignant les reproches, les critiques, les accusations, les jugements, les regrets, les remords, toutes réactions pouvant nous entraîner dans la souffrance ou la culpabilité.

Il est vrai qu'appuyer sur un bouton est tellement plus simple !

De qui avons-nous peur ?

Qui fuyons-nous ?

Ne serait-ce pas nous-mêmes ?

Ne serait-ce pas :

- ***nos émotions, nos sensations,***
- ***nos sentiments, nos intentions,***
- ***nos profondes aspirations,***
- ***notre tâche,***
- ***notre idéal,***
- ***notre histoire, notre vie*** ?

Qui craignons-nous ?

Que craignons-nous ?

Peut-être avons-nous peur de découvrir ce qui nous habite ?

Peut-être avons-nous peur de savoir qui nous sommes ?

Peut-être avons-nous peur de toutes nos parts d'ombre :

- *peur de les regarder...*
- *peur de les reconnaître...*
- *peur de les accepter...*
- *peur de nos racines...*
- *peur de notre passé...*
- *peur de toutes nos expériences...*
- *peur de toutes nos mémoires anciennes...*
- *peur de notre vie ?*

Il nous semble alors plus aisé de communiquer **dans le virtuel, *avec l'inconnu, avec l'étranger***, car là, il n'y a pas d'informations anciennes, pas de souvenirs douloureux, pas de responsabilités, pas de culpabilité, pas de jugement, **il y a simplement *le présent dans le rêve et dans l'illusion***.

Mais en toute vérité, avec nos proches, sommes-nous certains d'avoir tout accueilli, tout accepté, tout pardonné, tout libéré, tout effacé, tout compris, tout béni et tout transcendé ?

- Combien de sentiments refoulés n'ont toujours pas été exprimés !
- Combien de souvenirs douloureux, en notre mémoire consciente ou inconsciente, sont encore imprimés !
- Combien de blessures, dans notre cœur, ne sont pas encore cicatrisées !
- Combien d'outrages n'avons-nous pas encore pardonnés !
- Combien de rancœurs, de ressentiments, de remords, de regrets et de haine, n'ont pas été évacués !
- Combien d'êtres avec lesquels nous ne sommes *pas encore réconciliés* !
- Combien *"d'ardoises"* n'ont pas encore été effacées !

Ne serait-il pas judicieux de commencer par régler tous ces problèmes *"du passé"* en échangeant, en exprimant ce que nous ressentons vraiment, en communiquant, tant avec ceux qui nous ont accompagnés dans le passé, que ceux qui marchent à nos côtés dans le présent ?

Pourquoi fuyons-nous si facilement ces démarches, alors qu'elles sont les plus libératrices ?

> ***"Tout ce qui ne s'exprime pas, s'imprime."***
> Jean-Claude Guyard

Gardons en mémoire que les "non-dits" sont source de mal-être, de maladie et de conflit :

***"mal-à-dire" → maladie* = "le mal-a-dit".**

Il est l'heure de réfléchir aux conséquences réelles de ces non-dits.

Certes, il n'est pas question de "jeter notre venin" sur les autres, en cherchant à les accuser, à les blesser, à les rendre coupables de nos souffrances, ce qui est courant lorsque l'on s'identifie à *"la victime"*.

L'être humain qui s'éveille a compris qu'il est *entièrement responsable, mais non coupable*, de toutes les situations, de tous les événements, de tous les êtres qu'il a rencontrés sur son chemin ; cela faisant partie de son plan d'évolution. De ce fait, il lui est tout à fait concevable d'exprimer, avec authenticité, ce qu'il a ressenti ou ce qu'il ressent, devant telle circonstance ou telle situation. Il en est de même lorsqu'il entend des paroles blessantes, sachant que tout ce qu'il vit participe à sa croissance et à sa réalisation, et que l'auteur de ces paroles n'exprime que sa détresse personnelle. De plus, il lui est possible de reconnaître les carences, les limites et les blessures qui ont été les siennes, mais sans accuser les êtres qui ont joué, pour lui, le rôle d'initiateur ou de révélateur, sachant qu'il est le créateur conscient ou inconscient de sa vie.

Il est surtout important qu'il communique aussi clairement que possible avec les autres, afin d'éviter les malentendus, qui mènent à la souffrance et parfois même au drame.

Il serait intéressant de chercher à comprendre **ce que veut dire** exactement le mot **COMMUNIQUER**.

Si l'on se réfère au dictionnaire de la langue française,

COMMUNIQUER veut dire :

- transmettre
- échanger
- informer
- faire partager
- être en liaison
- établir une relation
- diffuser un message
- joindre deux choses

etc...

Mais ne serait-il pas souhaitable d'ajouter,

COMMUNIQUER c'est :

- ***ÉCOUTER*** ***l'autre***, *avec patience...*
- ***ACCUEILLIR*** *son vécu, avec tolérance...*
- ***COMPRENDRE*** *ce qu'IL EST, ses joies, ses souffrances...*
- ***ACCEPTER*** *sa différence...*
- ***RESPECTER*** *ses limites, ses faiblesses, ses carences...*
- ***BÉNÉFICIER*** *de ses connaissances...*
- ***PARTAGER*** *ses expériences...*
- ***L'INVITER*** *à abandonner ses résistances...*
- ***L'AMENER*** *à être VRAI dans l'existence...*
- ***L'ENCOURAGER*** *à VIVRE SA VIE "en conscience"...*

en réalisant que ***l'autre*** est une partie de nous-mêmes, et qu'en agissant pour lui, c'est nous qui en bénéficions ?

À mon regard, ici se situe la véritable communication, le véritable échange, qui permettra à deux êtres de s'épanouir, de se construire, de s'accomplir, de se révéler à eux-mêmes et de grandir dans la joie et l'harmonie avec confiance.

Une communication de valeur nous conduit toujours :

- ***au respect de soi-même et de l'autre,***
- ***à la liberté de soi-même et de l'autre,***
- ***à la construction avec l'autre, dans la compréhension, la compassion et la vérité.***

Socrate enseignait le principe des trois tamis.

Quand un ami cherchait à communiquer avec lui et commençait à prononcer ces paroles :

"Tu ne sais pas ce que ton ami a fait... ?"

Socrate lui répondait :

"Attends, attends, as-tu passé ce que tu vas me dire,
à travers les trois tamis :

① - *Est-ce que ce que tu vas me dire* **EST VRAI** *?*

② - *Est-ce que* **C'EST BIEN** *?*

③ - *Est-ce que* **C'EST UTILE** *?*

Si ce n'est ni vrai, ni bien, ni utile,
je te conseille de ne pas m'en parler et de vite l'oublier."

Combien le conseil de Socrate est judicieux ! N'est-ce pas quelque chose de fabuleux ! **Ce n'est pas seulement l'un de ces trois tamis qu'il est nécessaire d'utiliser, mais les trois**, avant de laisser sortir des paroles de notre bouche.

Le silence serait parfois préférable. Il nous permettrait d'être plus à l'écoute de notre cœur et nous éviterait de prononcer des paroles plus ou moins bienveillantes, que nous aurons souvent à regretter par la suite.

- Combien de paroles futiles sont échangées !
- Combien de mots qui ne veulent rien dire !
- Combien de phrases qui ne mènent à rien !
- Combien de questions souvent indiscrètes !
- Combien de révélations pouvant porter tort !
- Combien de secrets largement dévoilés !
- Combien d'échanges basés sur la critique, l'accusation, le jugement, la condamnation !
- Combien de discours qui cherchent à tromper !
- Combien de conversations qui peuvent blesser !

Mais, en avons-nous toujours conscience ?

Quand allons-nous nous réveiller ?

Comme l'a si bien dit Jacques Salomé :

"Les Mots amènent les Maux."

Pourtant, la sagesse des mots nous est accessible, si nous ouvrons notre cœur à l'Amour de nous-mêmes et des autres.

En effet, **LA PAROLE PEUT DEVENIR *UNE BAGUETTE MAGIQUE*, CAR LES MOTS PEUVENT AUSSI *GUÉRIR*, s'ils réveillent la Conscience, la Foi et l'Amour**. N'oublions pas que le verbe est créateur.

Alors, il appartient à chacun de s'interroger pour savoir si la communication qu'il entretient avec son Être Intérieur et avec autrui est *authentique, bienveillante, constructive, bénéfique,* pour lui-même et pour tous ceux que la vie met sur sa route. Si cela EST, l'Essentiel est accompli.

LORSQUE JE COMMUNIQUE AVEC LES AUTRES,

C'EST AVEC DIEU

ET AVEC MOI-MÊME QUE JE COMMUNIQUE,

puisque DIEU VIT en chacun de nous,

et que les autres sont une partie de moi-même.

L'ACTIVISME

Agir et Créer sont deux grandes clefs de l'évolution.

"CHAQUE ACTE VRAI SE BÂTIT D'AMOUR."

"Par chacun de tes actes
Tu agis ***À MA PLACE***
Fais bien attention !
NE ME *défigure pas !"*

"Avant d'agir, sanctifie l'instant !"

Dialogues avec l'ange [(1)]

Le secret du bonheur est d'être actifs, tout en se rappelant que nous ne sommes que des acteurs plus ou moins conscients, qui jouent différents rôles lors d'une pièce qui se déroule sur l'immense scène de l'Univers.

Chacun de nous a choisi une réalité qui lui est propre pour apprendre à Se Connaître. Chacun de nous a choisi de vivre les expériences nécessaires à sa croissance et à son total épanouissement, dans la Joie d'Être ce qu'il est. C'est ainsi que l'âme peut acquérir la sagesse à travers toutes ses créations et ses nombreux jeux de rôles.

[(1)] *Voir bibliographie :* Gitta Mallasz, *"Dialogues avec l'Ange ", Édition Intégrale - Éd. Aubier.*

Quelles que soient les actions ou les créations de l'âme, rien ne lui appartient. Néanmoins elle ne pourrait connaître toutes ces choses à moins d'en devenir "le créateur".

Il est vrai que nous sommes tous venus sur cette Terre pour AGIR ET CRÉER, afin d'être la manifestation du "VIVANT". Cependant il n'y a pas à tirer gloire des actions que nous posons ni des choses que nous créons. SEUL DIEU, LE PÈRE, L'ÉNERGIE DIVINE, agit à travers nous afin d'accomplir Son Plan. AU DIVIN, Seul, appartiennent les Honneurs et la Gloire !

Un être humain qui n'agit pas ou qui ne crée pas, *en conscience, avec Amour*, soit "en lui", soit "autour de lui", par la pensée, par la parole ou en posant des actes, **pour lui-même ou pour l'humanité, peut manquer sa tâche sur la Terre et ne pas se sentir en paix à l'heure du grand départ**.

Il est également important de retenir que **tout individu qui ne crée pas consciemment meurt lentement**, car la créativité l'amène à ***se reconnaître***, à ***se sentir reconnu*** et à ***EXISTER VRAIMENT***.

C'est ainsi que l'Homme, en créant, dynamise ses cellules et ses organes, principalement ***l'intestin grêle***, relié à la créativité et au plaisir de créer, ***le foie*** relié à la confiance en soi, l'estime de soi, la considération de soi, la certitude d'être animé de cette Force de Vie, cette considérable Énergie qui vient de l'Univers, que certains nomment DIEU, et ***la rate*** reliée à la louange, à la gratitude, au remerciement, à la joie d'être et de créer, dans l'immense bonheur de Servir l'Humanité.

Certes, chacun d'entre nous a pour tâche d'apporter son énergie d'action et de création au monde entier, afin de faire de cette si belle planète que nous a confiée LE PÈRE, une planète *de conscience, de vérité, de foi, de joie, d'harmonie, d'accueil, d'échange, de partage, de communication, de prospérité, d'abondance, de paix, de bonheur et d'Amour.*

"**Ensemble**", nous avons à respecter cette planète.

"**Ensemble**", nous avons à l'accompagner pour l'aider à porter de beaux fruits.

"**Ensemble**", nous avons à l'entretenir.

"**Ensemble**", nous avons à la chérir, à la bénir, à la vénérer et à l'aimer.

Réfléchissons à ce que nous aurons fait sur cette planète, de cette planète !

Réfléchissons à la responsabilité qui est la nôtre, face aux pensées que nous captons et aux actions que nous posons. "Un jour" nous rejoindrons la Maison du Père ; serons-nous "alors" satisfaits des œuvres que nous aurons accomplies sur Terre ? Là se pose la vraie question…

Nous cherchons tous l'affection, la tendresse, la douceur, le calme, la sérénité, l'harmonie, la félicité, l'Amour, le bonheur ; cependant, pris par le mouvement de la vie, nous nous sentons souvent *"happés"* par elle.

Nous courons dans tous les sens, en avant, en arrière, de droite à gauche, cherchant sans cesse à combler des vides.

Nous sommes, pour beaucoup, pressés, débordés, **stressés**. Nous nous précipitons dans la vie à la recherche du rendement et de la compétition. **Nous vivons dans un *activisme permanent***, mais avons-nous réfléchi un instant à ce que cache vraiment ce mot ?

Ne serait-il pas le signe d'un mal-être profond, d'une fuite devant la réalité du présent, d'un refus de "regarder en Soi", et d'une immense peur de pouvoir y découvrir certaines émotions ? Émotions qui véhiculeraient *l'indifférence, l'iniquité, la rancœur, la haine, la colère, la violence, la vengeance, le remords, le regret, la culpabilité, la résistance, la jalousie, l'égoïsme, l'hypocrisie,* ***en particulier la sensation de nous croire indignes d'être aimés et la honte d'être***

habités par de tels sentiments, nous conduisant irrémédiablement à une culpabilité ô combien dévastatrice !

Quant au stress résultant de cette course effrénée, de cette quête insatiable, il est une des principales causes de la baisse de nos défenses immunitaires, entraînant de si nombreuses maladies. D'où l'importance de réfléchir à ce que nous voulons vraiment faire de notre vie.

C'est dans le calme

que le meilleur s'accomplit.

♦ AGIR...

C'est poser, en conscience, volontairement, librement, avec joie et authenticité, **des actes qui émanent d'un élan du cœur**.

Ce n'est pas poser des actes sous la contrainte, par force, par complaisance **ou par devoir**, dans le sens du *"IL FAUT"* ou du *"IL FAUT BIEN"*, qui se réfère, avant tout, au mental et à l'ego.

Nous confondons souvent *"le devoir"* avec *"l'élan du cœur"*, et **nous pensons bien faire en agissant par devoir**. Ceci nous a été inculqué par ceux qui nous ont devancés, le devoir ayant pris une large place au cours de l'humanité.

Les IL FAUT ... IL FAUT BIEN ...
JE DOIS ... TU DOIS ... IL DOIT ...
NOUS DEVONS ... VOUS DEVEZ ... ILS DEVRAIENT ... etc...

sont des termes souvent employés dans notre langage courant.

Que ce soit dans nos paroles, dans nos écrits, dans les livres, les journaux, les magazines, à la radio, à la télévision, au cinéma, par tous les médias ou tout autre source d'information ou de communication, reconnaissons que ces mots rejoignent *"le commandement"*. Ils nous éloignent de notre liberté d'action et nous créent des obligations. Il est dommage qu'ils s'impriment en nous et que nous ayons tant de difficultés à nous en libérer !

Et pourtant, il est essentiel de se souvenir des paroles de l'Ange, dans "Les dialogues avec l'Ange" (1), sur ce sujet. Je n'hésite pas à les reproduire, estimant très précieuse la valeur de cet enseignement :

"IL NE FAUT PAS !...
Fais attention à cela :
Le "IL FAUT", la contrainte, c'est la mort.
Que la Joie te guide !..."

(1) *Voir bibliographie :* Gitta Mallasz, *"Dialogues avec l'Ange ", Édition Intégrale - Éd. Aubier.*

"L'Ange" a mis surtout l'accent sur la notion du

"POSSIBLE" et du **"JE PEUX"**.

Il a précisé :

"MALÉDICTION **est :** *JE DOIS"*

"DÉLIVRANCE est : JE PEUX"

et Gitta Mallasz a insisté, avec raison, sur le fait que lorsque nous disons : *"**je dois** faire quelque chose"*, nous nous rendons nous-mêmes esclaves de cet acte, cela devenant ainsi un poids ; alors que si nous disons : "**je peux** *faire quelque chose*", nous attirons les Forces créatrices qui nous aident à accomplir cet acte, aussi difficile soit-il.

Toute action est à sa juste place lorsqu'elle est volontairement, librement acceptée, et accomplie sans contrainte.

A l'entrée des quatrième et cinquième dimensions, où la vérité va prendre une large place, peut-être pourrions-nous envisager d'apporter une amélioration à notre langage et à notre manière d'agir.

AGIR... c'est, avant tout,

AGIR *"EN SOI"*		**POUR**
AGIR *"POUR SOI"*	EN CONSCIENCE	**SERVIR**
AGIR *"PAR SOI"*		**L'HUMANITÉ**

♦ *Agir "EN SOI", en conscience, DANS L'AMOUR...*

➢ **Agir "en Soi", dans l'Amour**, c'est **aller au fond de soi-même**, pour y découvrir les trésors qui y sont cachés - bien au-delà des parts d'ombre de notre personnalité - en les observant, en les accueillant avec joie, contentement, émerveillement et beaucoup de respect, et en sachant que ces merveilleux trésors constituent notre Véritable Identité, notre Véritable Présence, notre Véritable Essence, et que tout le reste n'est qu'illusion.

- **Agir "en Soi"**, c'est **reconnaître notre réelle valeur**, tout en ayant conscience de nos points faibles et de nos points forts.
- **Agir "en Soi"**, c'est **savoir accepter totalement** le programme qu'a choisi notre âme avant de descendre sur la Terre, en apprenant à vivre notre histoire personnelle, sans aucune résistance ; c'est **s'abandonner** à La Volonté du Père en nous.
- **Agir "en Soi"**, c'est **laisser l'Œuvre de DIEU s'accomplir** à travers nous, en devenant conscients que **tout ce que l'on crée *"à l'intérieur de Soi"* porte ses fruits, en se manifestant *"à l'extérieur de Soi",*** aussi bien sur les plans subtils, que dans la matière, que ce soit par la pensée, l'intention, la réflexion, la concentration, la méditation ou la prière.
- **Agir "en Soi", constitue notre Rencontre avec La Divinité**, avec Celui qui nous habite, l'Être Suprême qui EST DIEU, et qui "SEUL" peut nous transformer, si nous Lui faisons confiance et si nous Le laissons tenir les rênes de notre vie.

Pour le meilleur et pour le pire, nous sommes entièrement responsables de tout ce qui émane de nous, et **n'oublions jamais, que tout est boomerang, et revient inévitablement vers la personne qui émet**.

"La plus petite pensée
le plus petit mot prononcé
sont agissants."
Dialogues avec l'Ange[(1)]

Agir *"en SOI"*...
C'est Ressentir L'AMOUR,
afin qu'il s'exprime en nous chaque jour.

[(1)] *Voir bibliographie :* Gitta Mallasz, *"Dialogues avec l'Ange ", Édition Intégrale - Éd. Aubier.*

♦ *Agir "POUR SOI", en conscience, PAR AMOUR...*

- **Agir "pour Soi", par Amour**, ne présente **rien d'égoïste** lorsque l'on a intégré qu'en agissant "pour soi", ce sont aussi les autres qui en bénéficient, par notre joie de vivre, notre rayonnement et notre Amour de la vie. Gardons en mémoire que les autres sont une partie de nous-mêmes, et que nous sommes unis au Tout (Visible et Invisible).

- **Agir "pour Soi"**, c'est **capter et émettre des pensées, poser des actes, des gestes ou des paroles**, pour soi-même, **qui émanent d'un véritable élan du cœur**, basés sur l'authenticité et qui peuvent nous apporter le bonheur.

- **Agir "pour Soi"**, c'est **découvrir qui l'on Est vraiment et reconnaître**, en les comprenant, ses réels besoins, ses vrais désirs, ses profondes aspirations et ses différents talents, en ne les fuyant pas, mais en les assumant pleinement.

- **Agir "pour Soi"**, c'est **s'accorder du temps** pour soi-même, en sachant que cela renforce notre énergie et nous valorise grandement.

- **Agir "pour Soi"**, c'est **décider d'être libre de se faire plaisir**, en exprimant ce que l'on souhaite réellement, sans avoir peur du regard des autres ou de ce qu'ils pensent, et sans craindre d'être jugé. **Tout n'est qu'expériences et fait partie d'un scénario qui parfois nous surprend.**

- **Agir "pour Soi"**, c'est **cesser d'être dans l'ingérence**, en voulant sans cesse protéger les autres, surtout s'ils ne nous demandent rien, car ils ont, eux aussi, leurs expériences à vivre. C'est souvent notre ego qui entre en action, en cherchant à jouer le rôle de "SAUVEUR".

Comme le dit si bien le deuxième accord Toltèque[1] :

"Quoi qu'il arrive,
n'en faites pas une affaire personnelle.

Vous n'êtes pas la cause des actes d'autrui.
Ce que les autres disent et font
n'est qu'une projection de leur propre réalité,
de leur propre rêve.

Lorsque vous êtes immunisés
contre les opinions et les actes d'autrui,
vous n'êtes plus la victime de souffrances inutiles."

Lorsque nous nous rappellerons QUI NOUS SOMMES RÉELLEMENT, toutes les limites de notre vie disparaîtront.

Seulement…

◊ Nous avons oublié *nos Origines…*

◊ Nous avons oublié *notre Véritable Nature Divine*, ainsi que celle de tous nos frères et sœurs de la Terre…

◊ Nous avons oublié les choix qui furent les nôtres avant de nous incarner…

◊ Nous ignorons les choix qu'ont fait tous ceux qui nous entourent…

◊ Nous ignorons le rôle qu'ils ont accepté de jouer pour évoluer et pour nous faire évoluer, ainsi que le rôle que nous avons personnellement choisi d'incarner pour évoluer nous-mêmes, et pour leur permettre d'évoluer…

◊ Nous avons oublié que **Seule La Volonté du Père, "en nous", s'accomplit, en fonction de notre projet initial de vie**, étant les cocréateurs de celle-ci…

---

[1] *Voir bibliographie :* Don Miguel Ruiz, *"Pratique de la Voie Toltèque", Jouvence Éditions.*

◊ Nous avons oublié que **le grand saut en avant** vers les quatrième, cinquième et autres dimensions, **c'est le Renoncement au LIBRE ARBITRE**, en comprenant que le libre arbitre s'est ***déjà exprimé avant notre descente sur Terre,*** *lorsque nous étions encore sur les autres plans, dans La Pure Lumière.* C'est alors que notre âme a choisi son programme, et, de ce fait, il est essentiel de réaliser

qu'ici bas, le libre arbitre se trouve réduit à cette alternative :

- l'acceptation[1] ***dans l'action*** ⇒ qui est accueil, compréhension, lâcher prise, contentement, Amour et conscience…

ou

- le refus ***dans la passivité*** ⇒ qui est peur, résistance, révolte, colère, tristesse et souffrance…

face à ce que nous présente la Vie.

- **Agir "pour Soi"**, c'est **renoncer aux critiques, aux accusations, aux jugements,** envers soi-même et envers les autres, en gardant en conscience que tout est à sa place et a un sens dans l'accomplissement du Dessein Divin.

- **Agir "pour Soi"**, c'est toujours **faire de son mieux**, afin qu'en retour, *"le mieux"* rejaillisse vers soi-même et les autres.

Que ce soit sur les plans subtils (dans l'Invisible), par nos pensées et nos intentions, que ce soit dans la matière (dans le Visible), par les paroles que nous prononçons, les actes que nous posons, il est important de prendre conscience que ces pensées, ces intentions, ces paroles et ces actions entrent instantanément en interaction et en interconnexion dans l'Univers. Elles ont des répercussions sur l'humanité tout entière.

---

(1) "Cancer, Mon Chemin de Guérison… ", Chapitre : "L'acceptation", Éd. Arkhana Vox, 2001.

C'est la raison pour laquelle il y a lieu d'être extrêmement vigilants face à nos pensées, nos intentions, nos paroles et nos actions. Nous sommes entièrement responsables, bien que non coupables - *puisqu'en expérimentation et souvent inconscients*[1] - de tout ce que nous produisons. Pour beaucoup, nous savons cela, mais combien il nous est difficile d'abandonner cette culpabilité, si destructrice, encodée dans notre A.D.N. et qui porte en elle la responsabilité de la loi de cause à effet, loi de compensation nommée KARMA ! L'heure ne serait-elle pas venue de nous libérer définitivement de cette loi qui n'a plus raison d'être dans les hautes dimensions où ne demeure que l'Amour ?

- **Agir "pour Soi" ne veut pas dire rester enfermé sur soi-même, ne penser qu'à soi-même** ; bien au contraire, **cela nous invite à nous ouvrir aux autres**, en partageant avec eux Cette Immense Énergie d'Amour que nous ressentons et portons en nous, afin d'œuvrer au bien de tous.
- **Agir "pour Soi"**, c'est **Choisir d'AIMER et de Croire en Ce GRAND SOI** qui nous habite, nous inspire, nous vivifie et qui, depuis si longtemps, attend notre retour vers LUI.

Ici se trouvent le discernement et le VRAI DON DE SOI.

Agir *"pour SOI"*...
C'est Rayonner L'AMOUR,
afin qu'il se diffuse partout alentour.

[1] *Voir bibliographie : "Ramtha", Éd. ADA.*
Voir bibliographie : Neale Donald Walsch, *"Conversations avec Dieu" Tomes 1-2-3 - "L'Amitié avec Dieu" – "Communion avec Dieu" – "Retour à Dieu", Ariane Éditions.*

♦ *Agir "PAR SOI", en conscience, POUR L'AMOUR...*

- Combien de fois nous sommes-nous laissés influencer par les êtres qui nous entourent, en les laissant décider à notre place et, parfois même, briser les rêves de notre vie ?
- Combien de fois avons-nous posé des actes qui ne correspondaient pas à nos réels besoins, à nos vrais désirs et qui neutralisaient nos évidentes capacités ?
- Combien de fois avons-nous été complaisants, en ayant peur d'être authentiques, face aux demandes exprimées par les autres, par crainte d'être jugés et culpabilisés ?
- Combien de fois avons-nous dit *"OUI"* alors que nous pensions *"NON"* ?
- Combien de fois avons-nous agi *"par les autres"* et non *"par nous-mêmes"*, en voulant leur faire plaisir, en suivant leurs conseils, craignant de les décevoir, de les blesser, de les attrister, de ne plus être appréciés, estimés, considérés, reconnus ou aimés ?
- Combien de fois avons-nous fait *"des pirouettes"* devant les autres, en leur permettant de nous dominer, nous manipuler, prendre le pouvoir et les rênes de notre vie, nous amenant à faire des choses qui *"EN RIEN"* n'étaient conformes à nos aspirations profondes, et surtout à ce que nous sommes ?

Pourquoi avons-nous agi de la sorte ?

Tout simplement, parce que l'Amour de nous-mêmes n'est pas encore assez grand, il n'a pas atteint sa plénitude, ni sa totalité.

Nous cherchons autour de nous ce qui demeure en nous : "L'AMOUR". Avons-nous compris que c'est ici que se trouve la source de nos plus grandes souffrances et de nos maladies ?

Si nous perpétuons cette façon d'être, en laissant le pouvoir des autres sur nous-mêmes, les portes des autres dimensions pourront-elles s'ouvrir devant nous ?

Il ne s'agit plus d'être gentils (la gentillesse n'étant pas une qualité enseignée dans les livres sacrés parce qu'elle attend beaucoup en retour), il s'agit d'***ÊTRE VRAIS, AUTHENTIQUES ET SINCÈRES***

- ◊ dans tout ce que nous pensons,
- ◊ dans tout ce que nous disons,
- ◊ dans tout ce que nous faisons,

afin que nos pensées, nos paroles et nos actions soient en parfaite harmonie.

La LIBERTÉ D'ÊTRE est à ce prix. **C'est à chacun de choisir s'il veut VIVRE "LIBRE" ou "ESCLAVE".**

Il s'étiole lentement celui qui n'a jamais
RISQUÉ D'ÊTRE VRAI AVEC LUI-MÊME.

Personnellement, je remercie La Vie de m'avoir permis de vivre dans l'authenticité, lors de la maladie.

Combien de conseils m'ont été donnés ! Combien de critiques, de jugements, face aux choix que je faisais, ai-je dû endurer ! Combien de rejets, d'abandons, de la part d'êtres qui m'étaient chers (famille, amis, collègues) ont été nécessaires pour me forger le caractère ! Mais j'ai toujours tenu bon ; je n'ai écouté que ma Voix Intérieure, je n'ai écouté que mon cœur. **Les choix que j'ai faits, je les ai toujours faits seule, avec DIEU en moi, *"envers et contre tous"*.**

Je puis avouer, aujourd'hui, que ma vie est basée sur cette Loi : je fais ce que je ressens profondément et qui correspond aux expériences qu'a choisies mon âme. Certes, cela peut surprendre ou déranger mon entourage, mais en étant vraie avec moi-même, je permets à chacun d'être vrai avec lui-même, cela crée des relations authentiques, qui, pour moi, s'avèrent constructives.

Lors de la phase terminale de la maladie, j'ai pris un engagement face à la vie, avec Ce DIEU qui m'habite, avec moi-même et *nul ne pourra rompre cet engagement.*

Bien que je n'aie jamais demandé la guérison, j'ai cependant tout mis en œuvre pour RENAÎTRE à une nouvelle vie, en demandant au DIEU de mon cœur, à Cette Lumière qui brille en moi, de **ME DONNER LA FORCE D'ALLER JUSQU'AU BOUT DU PROGRAMME QUE MON ÂME A CHOISI, ET C'EST AINSI QUE LE MEILLEUR S'EST ACCOMPLI.**

Une expérience est unique, aucun mot ne peut **vraiment** la décrire. Elle est imprimée dans nos cellules, et "seules nos cellules" connaissent la vérité et peuvent s'exprimer à travers nos paroles.

Je ne regrette rien de la vie ; elle est celle que mon âme avait à expérimenter. ***TOUT EST PARFAIT POUR CELUI QUI ACCEPTE, COMPREND ET OFFRE SA VIE.*** Je ne puis que Remercier et Bénir tous ceux (et celles) qui ont croisé mon chemin. Ils ont été, pour moi, des révélateurs et des initiateurs de tout premier choix. Le rôle qu'ils ont tous joué, ou que certains jouent encore aujourd'hui, me permet, au fil des jours, de mieux me connaître, et cela m'amène à voir plus clair en moi, ainsi que dans les autres et dans la vie. *"Tout est leçon pour celui qui voit clair en lui !"*

La vie n'est qu'une école, qu'un terrain d'apprentis-sage, et, SI NOUS ACCEPTONS CE QUI EST, SANS RÉVOLTE ET SANS RÉSISTANCE, avec Conscience et Amour, les portes du bonheur nous sont accessibles.

Notre peur d'être abandonnés, d'être repoussés, d'être rejetés, d'être trahis, d'être bafoués, d'être humiliés, notre peur de ce qui nous semble être de l'injustice, **notre réelle peur de VIVRE**, nous entraîne dans un labyrinthe dont nous n'arrivons pas à trouver l'issue. En réalité, il nous suffit de faire confiance à la vie et d'abandonner toute résistance en nous sentant AIMÉS DE DIEU.

C'est en quittant La Lumière pour descendre sur la Terre afin d'expérimenter les vibrations lourdes de la troisième dimension, **que nous avons connu et ressenti *la séparation, la division, l'abandon*.**

Cette sensation d'isolement, qui nous semble réelle, mais qui n'est qu'illusion, EST LA SÉPARATION d'avec La Source qui EST DIEU PÈRE-MÈRE, NOS VRAIS PARENTS.

Notre lignée est DIVINE, et nous l'avons oublié. Tous nos actes sont issus de cette lignée et n'ont pas à être jugés, car nous ignorons notre réel schéma d'évolution. En fait, ***chaque chose réalisée pour la Gloire de DIEU s'accomplit d'elle-même, sans effort,*** et dans les meilleures conditions.

L'essentiel est d'ouvrir notre cœur à l'Amour, afin que cessent à jamais les souffrances perpétuées sur ce plan, en laissant DIEU agir à notre place.

Agir *"par SOI"*...
C'est Reconnaître partout l'AMOUR,
afin qu'il s'expanse toujours.

♦ CRÉER...

Nous pensons souvent que s'il n'y a pas de création *visible*, d'action manifestée, il n'y a pas de production et qu'il est donc impossible de reconnaître notre valeur.

Par contre, nous considérons que s'il y a création visible extérieure, il y a production, et que c'est un signe de valeur.

Cette vision des choses est basée sur une grave erreur. En effet, c'est seulement l'ego qui se trouve satisfait et qui se valorise en constatant qu'il a réussi à faire ceci ou cela. Mais dans le ***"non faire apparent"***, dans l'action intérieure, non visible par les autres, dans le silence, ***il y a beaucoup à recevoir, à accueillir, beaucoup à apprendre, à ressentir, beaucoup à comprendre, à acquérir, beaucoup à intégrer et à offrir***.

Par la visualisation, qui actualise tous les sens, nous avons la capacité d'accomplir une création concrète, consciente et volontaire. La visualisation a une puissance extraordinaire, puisque l'imagination est plus forte que la pensée.

C'est dans le silence, que se produisent les plus grands bouleversements intérieurs, qui agissent *"comme par magie"* à l'extérieur.

C'est dans le silence, que l'on peut communier avec notre cœur et ainsi s'unir à tous les cœurs.

C'est dans le silence, chacun le sait, que se vivent les véritables métamorphoses, la véritable alchimie de notre Être, la Véritable Rencontre avec DIEU.

Comment ne pourrais-je pas avoir conscience de l'immense valeur du silence, puisque c'est dans la phase terminale du cancer, lorsque toutes les communications extérieures étaient interrompues (téléphone, visites, etc…), alors que j'étais dans l'incapacité de bouger, de m'alimenter, de me laver, **lorsque j'étais seule avec moi-même,**

UNIE **à DIEU, qu'enfin *"la clef de la guérison"*, qui EST LE PARDON, me fut communiquée** ? **C'est**, en effet, ***"de l'intérieur"***, **que j'ai eu la grâce de recevoir**, de Ma Conscience Supérieure, de l'Être Suprême, **la solution au problème**.

"C'est dans la solitude que fleurit la rose de l'âme."
Alice A. Bailley

C'est ainsi que mon regard a radicalement changé sur la vie, et que j'ai réalisé que TOUT EST POSSIBLE pour celui qui se relie à la Source de l'Amour Infini, qui est DIEU en lui.

Qu'importe le nom que nous LUI donnons ! Qu'importe la religion ou la philosophie à laquelle nous appartenons ! L'Essentiel est d'être convaincus qu'IL EST en nous, qu'IL VIT à travers nous, qu'IL EST nous et qu'IL nous abreuve continuellement de Son Amour INFINI.

IL EST ÉNERGIE DE VIE.
IL EST LUMIÈRE.
IL EST TOUT.

Est-ce vraiment utile de courir partout pour communier avec CE DIEU qui NOUS HABITE, et qui connaît la solution à nos problèmes ?

Toutes les réponses à nos questions viennent ***"de l'intérieur"***, lorsque nous sommes en vacuité, et réceptifs à l'Inspiration Divine.

La Connaissance est en nous. Il suffit d'ouvrir les vannes de notre cœur et d'écouter notre voix intérieure, pour avoir accès à cette Connaissance, **en étant continuellement reliés à La Source, qui est LUI**.

Il est certain qu'en voulant toujours "trop en faire", nous nous éloignons de Cette Source. Nous nous voilons la face en cherchant à combler des besoins et des manques. Nous voulons paraître courageux, forts, puissants, efficaces, solides, capables, et pensons trouver au cœur de toutes les choses que nous entreprenons ou que nous créons, d'immenses satisfactions, alors que cela n'est qu'illusion.

Nous vivons dans un monde de comparaisons, alors que chacun de nous est "UNIQUE", et que nous n'avons à ressembler à personne. *"Un lion ne sera jamais un agneau, malgré tous les efforts qu'il fera. Il manifestera sa force et sa noblesse, tout en acceptant sa paresse. Quant à l'agneau, il manifestera son calme et sa douceur, tout en accueillant sa faiblesse".*

Ainsi en va-t-il de la vie. **Chacun est ce qu'il est**, parce que c'est ainsi qu'il a été créé, **pour "apprendre et connaître"**.

A quoi bon chercher sans cesse à ressembler aux autres, ou à être meilleurs qu'eux ? Nous n'avons pas à devenir quelqu'un d'autre. Il nous appartient de nous aimer tels que nous sommes.

La différence qui existe entre les êtres, entre les animaux, les végétaux, les minéraux, les diverses choses créées (les planètes, les éléments, les idées, les croyances, les goûts, les habitudes, et tout ce qui existe) **est indispensable** à l'évolution, principalement **à la Vie**. C'est ce qui lui donne sa valeur. Cette différence est sacrée, il est important de l'accepter et de la vénérer. Elle permet au Dessein Divin de s'actualiser, car tout est complémentaire et sert au PLAN DU PÈRE.

Nous sommes invités non seulement à prendre conscience de notre différence et à l'accepter, mais essentiellement à **"la cultiver"** ; ceci est indispensable pour vraiment EXISTER.

C'est ainsi qu'en reconnaissant, en accueillant, en acceptant, en respectant, en cultivant, en bénissant et en chérissant notre différence, nous serons en mesure d'accueillir, d'accepter, de respecter et de bénir, la différence des autres.

Chaque personne étant UNIQUE, ce qu'elle manifeste, ce qu'elle exprime, ce qu'elle fait, ce qu'elle dit, ce qu'elle pense, ce qu'elle ressent, CE QU'ELLE EST, CE QU'ELLE VIT, est appelé à être UNIQUE.

Lorsque nous avons réalisé qui nous sommes, qu'il nous est possible de définir, de reconnaître, d'accepter notre différence et ainsi, d'accéder à notre véritable potentiel, en exprimant et en manifestant nos réels talents, notre vraie valeur, nous sommes en mesure de CRÉER et D'INNOVER en permanence. C'est alors, que nous pouvons prendre conscience que **DIEU**, LE PÈRE, La Puissance Supérieure de l'Univers, Le MOI SUPRÊME, **agit à travers nous, et qu'à LUI Seul, revient la Gloire de toute création**.

De ce fait, notre énergie s'amplifie, elle devient plus puissante, elle émane de la Source Infinie. Elle est Céleste et non humaine. Elle est intarissable et incomparable, elle est unie au Sacré, au Divin, car elle œuvre tout simplement pour *"Servir le Plan"*.

Tout est Énergie sur cette Terre, et c'est à chacun de nous de puiser à La Source de l'Univers, pour redevenir ce que **nous sommes vraiment : *"des Êtres de Lumière, reliés au Père, venus pour illuminer la planète tout entière"***.

N'oublions pas que les énergies de la Terre sont aussi importantes que les énergies du Ciel, la nécessité est de les laisser fusionner ensemble, afin qu'elles accroissent leur intensité dans L'UNITÉ.

Tant que nous ne Reconnaîtrons pas ce DIEU qui nous habite, Cet Être Divin que nous sommes, Cette Immense Lumière qui brille en nous, Ce Merveilleux Trésor dont nous a fait cadeau l'Éternel, **nous chercherons sans cesse à l'extérieur ce qui, au plus profond de nous, demeure**.

L'Homme est venu sur Terre pour **CRÉER le beau, le vrai, le juste**, "en lui" et "autour de lui", afin de s'harmoniser avec tous les éléments, avec tous les règnes, avec tous les êtres humains, avec tout ce qui vit. Il a choisi de descendre sur ce plan pour diffuser l'Amour, la Paix, la Lumière. Lorsqu'il s'aimera suffisamment, il sera prêt à RECEVOIR et à MANIFESTER TOUT CE QUE DIEU EST.

Seul le désir d'ÊTRE peut lui permettre d'achever sa trajectoire pour retrouver Son Corps Lumière et regagner la Maison du Père.

Puisse la Conscience de l'Homme s'éveiller, afin qu'il soit heureux d'avoir pu, par sa présence, œuvrer pour la Terre !

Il est bon de garder en mémoire ce qui suit :

"DIEU est au Centre de la Création. IL l'embrase de Son Amour. Il est La Lumière qui la met en mouvement, l'impulse et l'aide à s'accomplir. IL demeure au cœur de chaque atome, de chaque chose, de chaque être. Étant Illimité, IL est aussi autour de chaque créature, et chacun de nous a la faculté de libérer l'Étincelle Divine en lui, afin de permettre à ces deux Sources de Lumière, intérieure et extérieure, (qui ne sont qu'une), de se rencontrer, pour fusionner et transcender la matière.

DIEU EST LE TOUT ... VOILÀ LA VÉRITÉ.

Nous sommes les miroirs de ce qu'"IL EST" ; que ce soit la pierre, l'arbre, l'oiseau, l'enfant... nous servons tous à son travail d'enfantement.

TOUT CE QUI VIT EST UNE MANIFESTATION DE LUI.

C'est la raison pour laquelle il est essentiel de respecter TOUT ce qui nous entoure et TOUT CE QUI VIT. [1] *"*

Alors, soyons heureux de CRÉER par le cœur et par l'Esprit, car en tant qu'Étincelle Divine, nous sommes Acteurs-Créateurs permanents de CE QUI EST. Aussi ne défigurons pas La Création, que ce soit par nos pensées, par nos intentions, par nos paroles ou par nos actions.

LAISSONS LE DIVIN " Ê T R E " ET ACCOMPLIR SON ŒUVRE EN NOUS.

CRÉER "EN LUI" conduit au Bonheur d'EXISTER.

---

[1] *"Cancer, Mon Chemin de Guérison...", Chapitre : "La Vérité", Éd. Arkhana Vox, 2001.*

L'Œuvre

atteint sa Force
lorsque
les idées de réalisation
disparaissent
pour ne laisser émerger
que
La Source Inspiratrice.

William Berton [(1)]

---

(1) *Voir bibliographie :* William Berton, *"Couleur Énergie", Chapitre : "Couleurs de la Paix : Lilas Lumière", Éd. Colorscope.*

Être Soi

Être Soi, c'est **"OSER" se permettre D' "ÊTRE"** ce que l'on EST VRAIMENT...

- C'est "**S'AUTORISER**"
  à reconnaître, à accueillir, à expérimenter, à manifester, à exprimer, à VIVRE, tout ressenti, toute émotion, toute sensation et tout sentiment, ***"EN TOUTE CONSCIENCE"***, afin de permettre la transformation en soi, en admettant CE QUI EST, sans se culpabiliser, sans se juger et sans peur d'être jugé ou condamné, mais sans chercher à blesser.

  Ainsi, il est possible de permettre à tous ceux qui vivent sur cette planète d'Être ce qu'ils sont, en les laissant libres d'exprimer, eux aussi, leur différence, sans les critiquer, sans les accuser, sans les juger, sans les condamner, ***dans le détachement et le plus grand respect*** de ce qu'ils manifestent et de ce que l'ON EST SOI-MÊME...

- C'est **"ACCUEILLIR"**
  en conscience, sa propre histoire...

- C'est **"RESPECTER"**
  totalement ce qui nous anime...

- C'est **"RECONNAÎTRE"**
  ses points faibles, ses points forts...

- C'est **"DÉCOUVRIR"**
  ses vraies valeurs...

- C'est **"S'ACCORDER"**
  de la douceur...

- C'est "**ÉCOUTER**"
  parler son âme et son cœur…
- C'est "**REGARDER**"
  la Vie, avec les yeux de l'Amour…
- C'est "**OBSERVER**"
  les jeux de rôles, avec humour…
- C'est "**S'OUVRIR**"
  aux autres et à la Vraie Vie…
- C'est "**SE DONNER LE DROIT**"
  D'ÊTRE LIBRE, DE RESSENTIR, DE CONNAÎTRE, D'AGIR, DE CROIRE ET D'AIMER…

Mais pour cela, il est essentiel

- ***d' ACCEPTER*** *sa dualité...*
- ***de VIVRE*** *le présent, dans l'authenticité...*
- ***d' AGIR*** *en conscience et vérité...*
- ***d' ABANDONNER*** *ses attachements au passé...*
- ***de RENONCER*** *à l'ingérence...*
- ***de S'ADAPTER*** *aux circonstances...*
- **de DÉCIDER** **de S'AIMER**

et

- **de CHOISIR** **D'AIMER TOUS LES ÊTRES AVEC LESQUELS NOUS ENTRONS EN CONTACT…**[1].

[1] *Voir bibliographie :* Pierre Pradervand, *"Plus jamais Victime, Victime ou Responsable : Je Choisis", Jouvence Éditions.*

afin de

- ♥ "SE CONTENTER" *DE CE QUI EST...*
- ♥ "S'ÉVEILLER" *À UNE NOUVELLE RÉALITÉ...*
- ♥ "RETROUVER" *SA VÉRITABLE IDENTITÉ...*
- ♥ "S'UNIR" *À SA DIVINITÉ...*
- ♥ "S'EXPANSER" *DANS L'UNIVERS ENTIER.*

ÊTRE SOI, c'est **PRENDRE CONSCIENCE que rien n'est séparé**, que, en "S'AIMANT SOI-MÊME", c'est DIEU "en Soi" que l'on aime et que ce sont les autres qui en bénéficient, car tout ce que l'on fait, en Soi, pour Soi et par Soi avec Amour, se répercute instantanément sur autrui et dans la galaxie.

Tout se mêle au flux de la conscience collective, nourrissant ainsi l'Humanité tout entière.

C'est la raison pour laquelle JÉSUS nous a donné ce merveilleux enseignement du Véritable Amour :

"TU AIMERAS TON PROCHAIN

COMME TOI-MÊME !"

(Jc/2.8)

Ainsi, chacun de nous, en découvrant le Trésor Sublime qu'il abrite et les merveilleuses capacités et facultés, tant physiques que psychiques, qu'il est venu expérimenter, pourra **DEVENIR LE TÉMOIGNAGE VIVANT DE LA PRÉSENCE DIVINE EN LUI.**

Il sera le canal permanent de La Lumière émanant de la Source d'Amour Infini du Grand Soleil Central de l'Univers et rejoindra L'UNITÉ, dans la joie de Connaître CE QU'IL EST.

ÊTRE SOI, c'est **LAISSER L'ESPRIT SAINT CONDUIRE NOTRE VIE.**

N'est-ce pas la plus merveilleuse tâche que l'Homme ait à accomplir sur Terre pour retrouver SON IDENTITÉ DIVINE...

S'UNIR À DIEU,

S'AIMER ET FAIRE UN AVEC TOUT,

EN DONNANT

"LA PREMIÈRE PLACE À SON MOI DIVIN [1]" ?

ÊTRE SOI

c'est "ÊTRE SPECTATEUR"

sans jugement

de SA VIE.

---

[1] Voir bibliographie : "La Vie Impersonnelle", Traduction de Hélène Baron, Librairie ASTRA.

Se souvenir
de notre Héritage Divin...
Prendre Conscience
de Notre Réelle
Appartenance...

NOUS PERMET

DE RÉINTÉGRER

L'ÊTRE.

DEUXIÈME PARTIE

HEUREUX ...

Le Bonheur ne s'achète pas.

IL EST PARTOUT

OŬ NOS YEUX SE POSENT

AVEC AMOUR.

HEUREUX ...

- L'IMPORTANCE DU *"JE SUIS"*
- LE RESPECT... PREMIER OBJECTIF DE VIE
- L'ILLUSION DE L'APPARENCE
- LA DÉCOUVERTE DE NOS RÉELLES VALEURS
- LES 12 CLEFS DU VRAI BONHEUR

Heureux...
C'est cesser d'aspirer
à Être quelqu'un d'autre
que Soi-Même et
à Vouloir autre chose
que CE QUI EST.

Heureux ...

Heureux... C'est Ressentir et VIVRE

- *en regardant,*
- *en écoutant,*
- *en pensant,*
- *en disant,*
- *en faisant,*

QUOI QUE CE SOIT

- **auprès de n'importe qui...**
- **à n'importe quel moment...**
- **à n'importe quel endroit...**

LA PLÉNITUDE.

❀ *Heureux... C'est Se Contenter*

- ◊ *de ce que l'On EST,*
- ◊ *d'avec qui l'On EST,*
- ◊ *de là où l'On EST,*
- ◊ *de ce que l'On A,*
- ◊ *de ce que l'On FAIT,*
- ◊ *de ce que l'On VIT,*

DANS L'INSTANT PRÉSENT,

en étant vrai avec Soi-même et en sachant s'adapter à toute situation, à toute circonstance, à tout événement, à toute personne, **afin d'en extraire le meilleur**, en prenant conscience que la vie est *"mouvement et enseignement"*, et que ***TOUT ÉVOLUE À CHAQUE INSTANT.***

Lorsque nous réalisons
que la Vie n'est qu'expériences,
et que nous prenons conscience
de l'impermanence de toute chose,
nous pouvons accueillir, dans la sérénité,
chaque goutte de notre présent, et
ÊTRE SATISFAITS DE CE QUI EST.

L'IMPORTANCE DU *"JE SUIS"*

Tout ce que nous vivons et expérimentons nous permet de réajuster notre vie, à travers notre personnalité, afin de laisser s'épanouir notre Nature Divine. Cela est nécessaire pour réintégrer l'Esprit Divin qui opère alors la métamorphose de notre corps, en œuvrant pour que notre âme retrouve son Corps Lumière, comme la chenille qui se prépare à devenir un merveilleux papillon, à travers la chrysalide.

Ceci intervient dans le chakra du cœur, lorsque les émotions opposées de notre dualité se fondent ensemble dans le point neutre, appelé "point zéro", lieu où :

- ***rien** n'est **à comparer***, pas plus la sérénité que l'agressivité ;
- ***rien** n'est **à valoriser***, pas plus la joie que la tristesse ;
- ***rien** n'est **supérieur*** à quoi que ce soit, pas plus la paix que la colère,
- **TOUT EST ÉNERGIE** à accueillir et À UNIFIER.

En effet, dans ce lieu nommé "point zéro" - ***le thymus*** -, tout est UNI dans l'Énergie du "JE SUIS" ; il n'y a plus de division, plus de séparation, plus d'opposition, plus de jugement ; tout se fond ensemble dans l'Unité de notre Être, puisque rien n'est mauvais ni bon, en dehors de ce qu'en fait la pensée.

C'est l'instant sacré de l'alliance des différences.

C'est *"l'Action de Grâce"* qui peut se vivre et se ressentir lorsqu'une émotion très dense nous anime, telle que *la colère* ou *la tristesse*, en la laissant s'unir à son opposé, *la paix* ou *la joie*, au centre de notre Être, ***dans le thymus***, afin qu'elle soit transcendée par l'Amour, en une vibration beaucoup plus subtile de neutralité.

Au cœur de cette Sublime Réunification, nous sommes en mesure d'accomplir la mission d'***EMBRASSER NOTRE DIVINITÉ,*** en devenant conscients du DIEU qui vit en nous **dans le "JE SUIS"**, en irradiant de plus en plus d'Amour en nous, et autour de nous.

Il devient alors essentiel de réaliser l'importance du **"JE SUIS"** et de la place qu'IL tient dans notre Vie.

En effet, **les mots que nous prononçons à la suite de l'expression "JE SUIS" créent, à l'instant même, notre présent et notre avenir**, en nous définissant et en nous identifiant à ce que nous pensons ou à ce que nous disons. Une grande vigilance est à apporter sur ce fait, car ***nous devenons instantanément ce qui accompagne ces deux mots***.

C'est la raison pour laquelle il serait judicieux de cesser de "nous plaindre" et de répéter constamment les phrases suivantes :

◊ *"JE SUIS fatigué..."*	sinon la fatigue se manifestera de plus en plus.
◊ *"JE SUIS fragile émotionnellement..."*	sinon la fragilité émotionnelle se développera sans cesse.
◊ *"JE SUIS incapable de faire ceci ou de dire cela..."*	sinon l'incapacité deviendra réelle au fil des jours.
◊ *"JE SUIS coupable, j'aurais dû..."*	sinon la culpabilité s'accentuera continuellement.
◊ *"JE SUIS victime, il ou elle aurait dû..."*	sinon nous ne deviendrons jamais adultes et conscients de la responsabilité qui est la nôtre face au choix des expériences de notre vie, et nous ne pourrons pas nous libérer définitivement de nos rancœurs, de nos ressentiments, de notre haine, pour grandir dans l'Amour Inconditionnel.

etc...

Souhaitons que beaucoup d'entre nous réussissent à se détacher de telles paroles, ou renoncent à émettre de telles pensées, qui les dirigent tout droit vers la maladie.

Par contre, lorsque nous émettons l'affirmation : **"JE SUIS DIVIN"** nous sommes dans la Vérité et devenons des Créateurs en Puissance. Le "JE SUIS" possède un tel Pouvoir de Création qu'il est vivement recommandé de l'utiliser accompagné de formules reliées à tout ce qui peut nous *"construire"*, et d'abandonner toute formule qui puisse nous *"détruire"*.

Pourquoi chercher à altérer notre Divinité, Cette Pure Lumière qui nous habite, en ajoutant à la suite du "JE SUIS" des mots lourds, sombres, dévalorisants, accusateurs, blessants, culpabilisants, déstabilisants et ô combien nuisibles, alors que La Toute Puissance en nous est foncièrement curative ?

En effet, nous sommes souvent amenés à nous définir selon les informations qui suivent les deux mots "JE SUIS", à nous identifier à elles. Prenons pour exemple les expressions suivantes : *je suis intolérant - je suis faible - je suis coupable - je suis alcoolique,* etc... Comment pouvons-nous nous définir aussi négativement, et surtout nous identifier à des états d'être, des états d'âme, des émotions, des ressentis, des croyances, des sentiments, des jugements, des paroles, des maladies, etc... qui nous enchaînent à des vibrations basses, de dualité, de division, alors que **nous vivons essentiellement des expériences qui cherchent à nous conduire à l'Unité**, hors du mal et du bien, afin de réintégrer notre État DIVIN ?

Sur ce plan terrestre, ***nous faisons simplement***

- ***l'expérience*** *de la foi ou de la peur...*
- ***l'expérience*** *de la confiance ou du doute...*
- ***l'expérience*** *de la vérité ou du mensonge...*
- ***l'expérience*** *de la tolérance ou de l'intolérance...*
- ***l'expérience*** *de la patience ou de l'impatience...*
- ***l'expérience*** *de l'acceptation ou de la révolte...*

- ***l'expérience** de la sérénité ou de la colère...*
- ***l'expérience** de la douceur ou de la violence...*
- ***l'expérience** de l'indépendance ou de la dépendance...*
- ***l'expérience** de la force ou de la faiblesse...*
- ***l'expérience** de la joie ou de la tristesse...*
- ***l'expérience** de la liberté ou de la culpabilité...*
- ***l'expérience** de la santé ou de la maladie...*

  etc...

ce ne sont que des expériences qu'il est inutile de juger, ou de condamner, puisqu'elles servent à l'alchimie de notre dualité, afin qu'il nous soit possible de Retrouver la Mémoire de notre UNITÉ.

Que ce soit la foi ou la peur, la confiance ou le doute, la vérité ou le mensonge, la tolérance ou l'intolérance, la patience ou l'impatience, l'acceptation ou la révolte, la sérénité ou la colère, la douceur ou la violence, l'indépendance ou la dépendance, la force ou la faiblesse, la joie ou la tristesse, la liberté ou la culpabilité, la santé ou la maladie, etc..., ***ces états d'être, ces émotions ne sont que des expérimentations qu'a choisi de vivre notre âme pour connaître, s'éveiller et grandir dans la compassion pour elle-même et pour les autres***.

En conséquence, **nous ne pouvons nous identifier à aucune expérience**. Ces expériences ont le droit d'exister, mais ne correspondent en rien à ce que nous sommes réellement. Le "JE SUIS" est bien au-delà. **Notre Véritable Identité étant DIVINE**, elle ne peut faire référence à des facettes de la lignée biologique dans laquelle nous évoluons. LE SEUL ÊTRE auquel nous pouvons nous identifier est NOTRE SOI DIVIN, LE DIEU DE NOTRE ÊTRE, LE PÈRE "en nous", en tant que PRINCIPE DE VIE, SOURCE D'AMOUR ABSOLU.

*L'Homme sage a conscience que **TOUT n'est qu'expérimentation**.* Devant toute attitude, toute émotion, il demeure impassible. En présence de la patience, il dit : *"c'est la patience"*. En présence de l'impatience, il dit : *"c'est l'impatience"*. Il reste neutre devant tout état émotionnel. Il ne juge pas. *"CELA EST"*. Il ne se définit jamais selon un comportement. Il ne s'identifie pas plus à la patience qu'à l'impatience, comme il n'identifie personne à ses états d'être. ***IL SAIT QUE DIEU EST EN TOUT et PARTOUT, en tant que PRINCIPE de Vie,*** et que pour rester UNIFIÉ, il n'y a pas à se juger, ni à juger qui ou quoi que ce soit, mais seulement à ***DEMEURER SPECTATEUR DE CE QUI EST***.

Quoi que nous fassions, nous sommes tout autant aimés de LA SOURCE... LE PLAN DE DIEU S'ACCOMPLIT.

"A Ceux qui ont une Connaissance de la Vie,
TOUT A UN SENS.
A Ceux dont les yeux sont ouverts,
TOUT EST A SA PLACE."

Sathya Saï Baba

Lors de certaines prises de conscience, j'ai réalisé que les mots pouvant le mieux accompagner le **"JE SUIS"** - qui REPRÉSENTE DIEU UNIFIÉ "en nous" - étaient à choisir parmi ceux qui n'avaient pas de dualité, pas de contraire, pas d'opposition.

Prenons pour exemple, ceux qui sont énoncés ci-après, bien qu'ils ne soient pas limitatifs :

◊ *Je SUIS* ***Une Pensée de DIEU***
◊ *Je SUIS* ***Une Étincelle Divine***
◊ *Je SUIS* ***Un Alchimiste Divin***
◊ *Je SUIS* ***De Nature Divine***
◊ *Je SUIS* ***D'Origine Céleste***
◊ *Je SUIS* ***Divine Présence***
◊ *Je SUIS* ***Divine Essence***
◊ *Je SUIS* ***Divine Substance***
◊ *Je SUIS* ***Pure Merveille***
◊ *Je SUIS* ***Au-delà de Cette Personnalité***
◊ *Je SUIS* ***Relié à la Source et au Tout***
◊ *Je SUIS* ***Le Son, Le Souffle et La Lumière***
◊ *Je SUIS* ***Énergie de Vie***

- ◊ *Je SUIS **L'AMOUR INFINI***
- ◊ *Je SUIS **CE QUE JE SUIS***
- ◊ *Je SUIS **ESPRIT DIVIN***
- ◊ ***DIEU et Moi SOMMES UN.***

C'est alors, que ces expressions nous ramènent à notre État Divin, et que tous nos véritables potentiels peuvent s'actualiser.

Nous libérer de la dualité, du jugement et de la peur, en demeurant spectateurs de notre vie, face à tout ce qui existe et TOUT CE QUI EST, nous éloigne de la séparation et de la division, et représente un merveilleux programme pour l'Homme qui aspire à VIVRE UNIFIÉ DANS LA PAIX.

Il est certain que chaque prise de conscience, chaque détachement, chaque lâcher prise, chaque obstacle surmonté et dépassé, chaque émotion, chaque ressenti observé et accueilli sans jugement, a des répercussions sur tous nos frères et soeurs de la Terre, et libère, en partie, l'inconscient collectif.

Cela constitue le Véritable SERVICE à L'HUMANITÉ, et nous rapproche de l'UNITÉ, puisque TOUT AGIT en INTERACTION.

DIEU SEUL "SAIT". Lui Seul, "en nous", connaît nos renoncements, et les *"offrandes"* constantes que nous faisons des faiblesses et des limites humaines que nous expérimentons. Personne n'est en mesure de nous juger ou de nous condamner. Seule notre âme a accès à notre plan de Vie et à notre Véritable Identité.

Dans ce sublime périple d'éveil et d'alchimie profonde, **il appartient à chacun**, s'il le désire, **de concevoir le rôle UNIVERSEL qui lui incombe**, et de cesser de s'attarder à sa simple personnalité, à son seul épanouissement, à sa seule réalisation, puisque nous sommes **TOUS RELIÉS** dans l'Univers et qu'**ENSEMBLE NOUS ÉVOLUONS**.

"L'Homme croit, dans son ignorance, qu'il ne vit que pour lui-même, qu'il boit et mange pour apaiser sa faim et sa soif, et ne pense qu'à son propre confort et à sa santé personnelle. Cette attitude

égocentrique qui fait qu'un individu ramène tout à lui, est la vraie "mort" car la contraction est le contraire de la vie, tandis que ***l'expansion c'est ÊTRE VRAIMENT****.*

La vie spirituelle n'est pas une existence isolée. L'Homme doit semer les graines de l'Amour dans son cœur, récolter la moisson de la paix et la partager avec ceux qui l'entourent...

L'Amour nous porte à l'expansion,
et la haine, à la contraction et à la mort.[1] ***"***

C'est à chacun de choisir :

LA HAINE	⇐⇒	*LA DESTRUCTION*
LA CONTRACTION	⇐⇒	*LA MORT*
	ou	
L'AMOUR	⇐⇒	**LA RÉALISATION**
L'EXPANSION	⇐⇒	**LA VIE.**

Plus nous prenons conscience de faire partie du TOUT, plus il nous est possible de réaliser l'importance de nous *"éveiller"* à l'Amour Impersonnel. C'est alors que nous reconnaissons notre entière responsabilité dans l'accomplissement du Dessein Divin. De ce fait, nous pouvons intégrer que ***les autres sont une partie de nous-mêmes, et que nous les entraînons avec nous, dans nos prises de conscience et notre épanouissement spirituel****.*

Comme nous le rappelle GANDHI :

"Toute âme qui s'élève, élève le monde ;
Soyez le changement
que vous voulez voir dans le monde."

[1] *Enseignement de Sathya Saï Baba.*

L'UN, Seul, L'Unique, le **"JE SUIS", EST OMNIPRÉSENT**. Il comprend TOUT CE QUI EXISTE. Il sait qu'IL EST LE TOUT et n'a donc rien à prouver, mais simplement à ÊTRE CONSCIENT DE CE QU'IL EST.

Celui que nous appelons **DIEU**, Le Père, L'Éternel, Le Créateur, Le Seigneur, **EST au-delà de tous les noms et de toutes les formes**. IL EST Énergie, Souffle, Son, Lumière. IL EST le Seul Pouvoir de l'Univers, mais nous avons pris, pour certains, l'habitude de l'identifier et de l'adorer sous une forme ou sous une autre, alors qu'IL EST TOUT CE QUI EST, continûment, éternellement. IL EST Impersonnel.

IL EST L'ORIGINE DE TOUT.

IL EST L'INTELLIGENCE SUPRÊME qui anime la Vie entière et qui ne peut juger La Vie, étant, Lui-même, "LA VIE".

IL EST L'ESSENCE MÊME DE LA VIE DÉBORDANTE, toujours en mouvement, toujours en transformation... "LE VIVANT".

IL EST LE PRINCIPE MÊME DE LA CRÉATION.

IL EST CE QUE NOUS SOMMES. IL EST TOTALITÉ. IL EST UNITÉ.

Au-delà du bien et du mal, DIEU, Le Père, ne voit pas l'erreur, ni l'échec. Il voit CE QU'IL EST à travers les expériences de La création. DIEU EST *"PENSÉE ILLIMITÉE"*, DIEU EST *"AMOUR"*, DIEU EST.[1]

"On ne peut vivre ni mourir sans DIEU,
mais on peut croire le contraire.
Si vous croyez vivre ou mourir sans DIEU,
telle sera votre expérience.

Vous pouvez faire cette expérience
aussi longtemps que vous le voulez.
Vous pouvez aussi y mettre fin
à tout moment, à votre gré. [2]*"*

---

[1] *Voir bibliographie : "Ramtha" Éd. ADA.*
[2] *Voir bibliographie* : Neale Donald Walsch, *"Retour à Dieu – Une vie sans fin", Ariane Éditions.*

Peut-être serait-il l'heure d'élargir notre Conscience, afin de **LE RESSENTIR et de LE VOIR EN TOUT et EN TOUS, dans le "JE SUIS"**.

DIEU, "L'ÊTRE", le "JE SUIS", dans son propre mouvement *d'EXPIR*, émet des vibrations qui s'éloignent de LUI pour devenir *"LA CRÉATION"*. Mais plus Ses vibrations s'éloignent de LUI, plus elles se densifient, bien qu'elles gardent toujours leur état initial de perfection et de Pure Lumière, dans l'expérimentation, au-delà de l'apparence si trompeuse.

C'est alors que DIEU PÈRE-MÈRE, L'ESPRIT SAINT, "LE VIVANT", "L'ÊTRE", LE "JE SUIS", dans son propre mouvement *d'INSPIR,* rappelle à Lui La Création afin qu'elle puisse avoir accès, d'une façon intérieure et profonde, à cette Connaissance et à cette Véritable Conscience qu'elle aussi EST DIEU, puisqu'émanant de LUI. DIEU lui révèle ainsi qu'IL va lui permettre de goûter, dans sa totalité, à la Pure Sagesse, la Pure Présence, la Pure Essence du "JE SUIS", en célébrant vraiment la Vie.

C'est ici, que le "JE SUIS" prend TOUT SON SENS.

L'Homme, dans le "JE SUIS"
Est le Couronnement
de la Création.

LE RESPECT...
PREMIER OBJECTIF DE VIE

Devenir *"Alchimiste Divin"* n'est-ce pas un très bel objectif de Vie ?

Respecter ce que nous sommes, ce que sont les autres, ce qui nous entoure et ce qu'EST LA VIE, est le meilleur moyen pour devenir cet Alchimiste Divin, cet Homme Cosmique, et ainsi réaliser l'objectif majeur qui ***nous permettra d'accéder à notre réelle tâche sur Terre, qui est de transmuter l'Ombre en Lumière, en nous et partout où nous nous trouvons, en réintégrant notre Corps Lumière, afin de rayonner l'Amour***.

Beaucoup d'autres objectifs, se rapportant davantage à la matière, peuvent être envisagés, mais ils seront d'autant plus accessibles si la conscience d'ÊTRE un Homme Cosmique relié à la Source Divine, à l'Amour Infini, a pris place dans notre Vie.

L'existence peut devenir une aventure fantastique pour chaque être humain, s'il choisit de RESPECTER L'ÉNERGIE DE VIE, "LE VIVANT" qui EST DIEU, sous toutes ses formes, à travers tout ce qui vit.

♦

A - LE PREMIER RESPECT est *LE RESPECT DE LA MATIÈRE*, en apprenant à ***la gérer***, en conscience, ***avec HARMONIE,*** tout particulièrement dans ce corps physique que nous a confié La Vie, en nous respectant nous-mêmes, dans notre totalité.

Respecter notre corps commence par l'accueillir, l'accepter et l'aimer, tel qu'il est, aussi bien dans sa forme, son poids, son aspect général, son intelligence, le sexe auquel il appartient, que dans tous les potentiels qui sont les siens. Le corps est le meilleur outil que nous donne La Vie pour nous permettre d'accomplir ce que nous sommes venus expérimenter sur la Terre.

La première étape se situe dans **l'attention et l'entretien** que nous lui apportons.

- Notre corps a **besoin d'une alimentation de qualité**[1], d'une nourriture saine, vivante, légère, variée, équilibrée, de préférence végétarienne et biologique, composée de minéraux, de végétaux, de protéines, de vitamines, etc... ***Il est essentiel de préparer et de consommer ces aliments en conscience, avec Amour.***
- Notre corps a **besoin d'être drainé par de l'eau pure**, limpide, neutre, abondante...[2]
- Notre corps a **besoin d'air frais**, d'oxygène, de chlorophylle, pour exister et dynamiser ses cellules...
- Notre corps a **besoin de repos, de sommeil**, pour se régénérer...
- Notre corps a **besoin d'exercice** (marche, sport, loisirs, divertissements, etc...), pour conserver son énergie et créer l'harmonie entre le corps et l'esprit...

---

[1] *"Cancer, Mon Chemin de Guérison...", Chapitre : "L'Alimentation", Éd. Arkhana Vox, 2001.*

[2] *Voir bibliographie :* Masaru Emoto, *"Les Messages cachés de l'Eau" - "L'Eau Mémoire de nos émotions" - "Le Pouvoir Guérisseur de l'Eau", Guy Trédaniel Éditeur.*

Voir bibliographie : Jacques Collin, *"L'Insoutenable Vérité de l'Eau", Guy Trédaniel Éditeur.*

- Notre corps a **besoin de pensées pures**, lumineuses, **de paroles authentiques**, bienveillantes, réconfortantes, **d'actions nobles**, constructives...
- Notre corps a **besoin d'une vie équilibrée**, saine, harmonieuse, tant physique, émotionnelle, mentale que spirituelle...
- Notre corps a **besoin de Beauté**, **de Lumière et d'Amour**, pour honorer la Présence Divine qui l'habite.

C'est ainsi qu'il gardera la santé
et sera la Manifestation Vivante du "JE SUIS".

Respecter la matière ne se limite pas seulement à notre corps physique, bien qu'il soit essentiel d'en prendre soin, en lui apportant le meilleur, afin qu'il devienne un *"compagnon fidèle"* et puisse nous combler de bonheur.

La matière, bien qu'**inerte en apparence, n'est que vibrations**. C'est le nombre de vibrations qui se manifestent à la seconde qui détermine la forme de ce qui existe. Tout respire dans l'Univers et se trouve en perpétuel mouvement, animé de l'Expir et de l'Inspir du PÈRE-MÈRE... "LE VIVANT".

Tous les règnes : *minéraux, végétaux, animaux, humains,* tous les éléments : *la terre, l'eau, le feu, l'air, l'éther,* tout ce qui se manifeste dans la forme, même les objets qui nous paraissent les plus insignifiants, car semblant inanimés, font partie de la matière que Le Créateur "en nous" nous demande de **RESPECTER**, en tant qu'**Énergie Vivante magnifiant Sa Création**.

C'est la raison pour laquelle il est très important d'avoir un grand respect pour tout ce qui nous entoure, principalement pour les divers objets que nous utilisons au fil des jours.

Que ce soient les affaires qui nous sont personnelles : *vêtements, chaussures, voitures, bijoux, téléphones portables, accessoires divers, maison, argent, etc...,* que ce soient les affaires appartenant aux autres ou à la société, ainsi que tout ce qui nous est nécessaire pour assumer notre vie, **tout fait partie de la Création et est digne d'être respecté**.

A quoi bon parler de spiritualité et d'Amour, si nous négligeons la matière, si nous ne l'entretenons pas, si nous la détériorons ou si nous ne sommes pas capables de lui apporter toute notre attention.

DIEU, en tant qu'Énergie de Vie, se manifeste dans le plus petit électron. IL EST dans chaque atome, dans chaque particule et l'Amour le plus réel, le plus vrai, que nous puissions Lui témoigner, c'est de RESPECTER CE QU'IL EST, à TRAVERS TOUT CE QUI EST CRÉÉ. C'est d'ailleurs l'exemple que m'ont donné les Grands Sages que j'ai côtoyés, tout particulièrement les Chamans Amérindiens, en Amérique du Nord, lors de mon séjour parmi eux. Tandis que nous allions chercher l'écorce et les branches des arbres pour faire le feu, ils nous invitaient à remercier les arbres et à les saluer, considérant que **TOUT EST SACRÉ**.

Certes, nous parlons souvent d'Amour, mais le RESPECT et l'ATTENTION ont-ils vraiment pris place en notre vie ? Avons-nous réalisé que ***sans respect il ne peut y avoir d'Amour Véritable*** ?

Dans ce XXIème siècle, qui aspire à une nouvelle conscience, peut-être pourrions-nous envisager LE RESPECT sous toutes ses formes.

1° - Le Respect des Minéraux, en prenant conscience qu'ils existent, à part entière, comme Entités de Lumière "VIVANTES". Par leur niveau de conscience élevé, l'immense Énergie qui les anime et les effets thérapeutiques bienfaisants qu'ils possèdent, ils peuvent nous être d'une très grande aide, surtout si nous apprenons à communier avec eux et à les utiliser à bon escient, soit sous forme de pierres, soit sous forme d'élixirs[(1)]. Il appartient à chacun d'en faire l'expérience. Ne serait-ce pas de l'inconscience de les considérer comme de simples objets décoratifs sans vie ?

[(1)] *Voir bibliographie* : Judy Halle, *"La Bible des Cristaux", Guy Trédaniel Éditeur.*
Voir bibliographie : Michel Dogna, *"Élixirs Minéraux et Huiles dynamisées", Guy Trédaniel Éditeur.*

2° - Le Respect des Végétaux, en réalisant qu'ils sont source de Vie et d'un apport énergétique considérable, tout d'abord dans la nature, par les arbres, les forêts qui nous distribuent abondamment leur chlorophylle, puis par les légumes, les fruits, les plantes qui nous offrent si généreusement leurs bienfaits à travers leur énergie vitale et leurs vitamines, par les fleurs qui ornent notre vie de leur beauté et de leur parfum, en la comblant de beaucoup d'harmonie.

De plus, *en ce qui concerne les végétaux que nous absorbons, il serait très salutaire de prendre conscience de la Lumière qui les habite et de bénir*[1] *cette importante énergie qu'ils sont en mesure de nous apporter,* afin de rehausser considérablement leur taux vibratoire, pour qu'ils puissent nous donner le meilleur de ce qu'ils renferment. Il est bon de prendre note qu'un aliment que l'on respecte et que l'on prépare et mange en conscience, avec Amour, nous donne plus de 30 % de son énergie, alors qu'un aliment mangé sans conscience, et sans Amour, ne nous apporte que 3 % de son énergie. Il en est de même pour l'eau que nous buvons et tout ce que nous ingérons[2].

C'est à chacun de choisir s'il désire VIVRE *"en conscience"*ou *"sans conscience"*. La Vie nous offre les cinq sens pour nous émerveiller de la nature et de tout ce qu'elle produit, alors ne la bafouons pas et sachons l'aimer, en apprenant à la respecter.

3° - Le Respect des Animaux, en essayant de communiquer avec eux par le regard, la voix ou par télépathie. Ils sont très sensibles et très réceptifs à ce genre de partage.

Lorsque nous les enveloppons de notre Amour et de beaucoup de douceur, *en reconnaissant leur nature Divine,* quelle que soit leur race ou leur appartenance, ils le sentent et, à leur tour, nous manifestent leur attention, leur affection et leur Amour. Qu'il s'agisse d'animaux

---

[1] *Bénir signifie reconnaître l'Énergie Sacrée de Vie qui anime chaque chose et chaque être, au delà de l'apparence.*

[2] *"Cancer, Mon Chemin de Guérison...", Chapitres : "l'Alimentation" - "l'Eau" et "La Conscientisation ou La Bénédiction", Éd. Arkhana Vox, 2001.*

domestiques ou autres, ceci est parfois très impressionnant. Il suffit d'abandonner toutes nos peurs face à eux. C'est là qu'intervient *"la magie"* de l'Amour, et je puis avouer vivre *"ce miracle de l'Amour"* très souvent avec les animaux que je croise sur mon chemin.

N'oublions jamais que TOUT EST DIEU, et que nos frères les animaux sont une partie de nous-mêmes. Si nous les respectons, ils nous respecteront. Si nous les aimons, sans jamais chercher à les blesser, ils sauront nous protéger ; et remercions-les *"d'offrir"* si souvent leur vie pour nous.

Dans ce vingt et unième siècle, ne serait-il pas l'heure d'ouvrir notre conscience et de réaliser que l'Homme récoltera ce qu'il a semé :

- ***la souffrance,*** s'il a semé la souffrance,
- ***la haine,*** s'il a semé la haine,
- ***le respect,*** s'il a semé le respect,
- ***l'Amour,*** s'il a semé l'Amour.

4° - Le Respect de TOUS les Êtres Humains, en reconnaissant le Divin qui les habite, en les accueillant et en les acceptant dans leur totalité, en leur permettant d'être et d'exprimer ce qu'ils sont, quelles que soient leur nationalité, leur confession, leur personnalité, leurs convictions, leurs capacités et leur apparence physique.

Chacun des êtres que nous rencontrons sur notre parcours nous sert de révélateur et d'initiateur, en nous donnant la possibilité de découvrir nos points faibles et nos points forts.

En tout premier lieu, ce sont les deux êtres qui jouent pour nous, sur cette Terre, le *"rôle de parents"* (biologiques ou adoptifs), qui représentent les premières *"butées"* de notre vie, ainsi que les plus authentiques miroirs de ce que nous portons en nous. Prenons conscience, une fois pour toutes, qu'ils sont *"nos racines"* (1). Souvent,

(1) *"Cancer, Mon chemin de Guérison...", Chapitres : "Répercussion dans la vie d'adulte de l'Harmonie ou de la Disharmonie avec nos attaches "Père-Mère" : 1- Qui Sommes-nous ? 2 - Le Choix de nos parents. 3 - La Place de nos parents dans le Corps Énergie.", Éd. Arkhana Vox, 2001.*

nous éprouvons beaucoup de difficultés à échanger, à dialoguer, à communiquer, à partager, avec eux, du fait que nous ne voyons *"chez eux"* que les facettes de notre personnalité, que nous avons tant de mal à regarder, à admettre, à accepter, à comprendre et à respecter.

Ce que nous condamnons
le plus en nos parents,
est ce que
nous n'acceptons pas
en nous-mêmes.

Il en est de même pour nos enfants, ainsi que pour les membres de notre famille, nos amis, nos relations, nos collègues, nos voisins, pour ceux que nous côtoyons journellement. Chacun d'entre eux nous révèle nos parts d'ombre et de Lumière, et nous dévoile ce que nous appelons *"nos ennemis",* **car nos véritables ennemis sont en nous**. Ce sont les parties de nous-mêmes que nous n'avons pas encore *"apprivoisées",* et que les autres expriment ou manifestent devant nous, qui nous dérangent.

Nous attirons toujours à nous ce qui demeure au plus profond de notre être, et que nous n'avons *pas encore accueilli sans jugement et transmuté en Lumière :*

- ***la culpabilité*** .... si nous avons pour habitude de nous culpabiliser,
- ***la critique*** .... si nous nous critiquons sans cesse,
- ***la tristesse*** .... si nous véhiculons la tristesse,
- ***la colère*** .... si nous n'exprimons pas l'énergie de colère que nous ressentons intérieurement,

- ***la résistance*** .... si nous résistons à l'instant présent,
- ***la violence***............ si nous n'acceptons pas celle qui sommeille en nous,
- ***la plainte*** .... si nous nous plaignons souvent de notre vie, ou si nous refusons de le faire, par orgueil,
- ***le mensonge*** .... si nous ne sommes pas vrais avec nous-mêmes, et si nous ne manifestons pas notre vérité, en parlant ou en posant des actes contraires à nos désirs profonds, par devoir, par complaisance ou sous la contrainte,
- ***l'intolérance*** .... si nous avons de la difficulté à être tolérants avec nous-mêmes,
- ***la dévalorisation*** ... si nous nous dévalorisons continuellement,
- ***la dureté*** .... si nous sommes durs envers nous-mêmes :
  - face à ce que nous ressentons,
  - face à ce que nous exprimons et
  - face aux actes que nous posons,
- ***l'irrespect*** .... si nous ne nous respectons pas dans tous les plans de notre être, et si nous ne respectons pas ceux qui nous entourent, ainsi que tout ce qui vit,

etc...

"Tu auras beau regarder
A gauche ou à droite,
Devant ou derrière,
Tu ne verras que Toi
Dans le grand miroir que sont les choses,
Les êtres et les événements
Qui cheminent avec toi sur le chemin de ton rêve..."

Gilles Renaudin(1)

---

(1) *Voir bibliographie :* Gilles Renaudin, *Concepteur et Réalisateur de textes illustrés.*

Plus nous aurons conscience de notre valeur intérieure, plus les autres pourront la découvrir.

Plus nous serons clairs "en nous", plus les autres le seront avec nous-mêmes.

Plus nous nous accepterons dans notre différence, plus les autres nous accepteront tels que nous sommes.

Plus nous accueillerons et respecterons nos limites, nos faiblesses, aussi bien que nos aptitudes et nos talents, plus les êtres que nous rencontrerons sauront nous respecter et pourront découvrir le meilleur qui nous habite.

Se respecter soi-même nous entraîne naturellement dans le respect des autres.

A mes yeux, le plus grand respect que nous puissions apporter aux êtres qui nous entourent ou que nous sommes amenés à côtoyer, c'est de les respecter dans leur différence, leur état d'être et leurs choix. ***Il est extrêmement important de les laisser vivre leurs expériences, quelles qu'elles soient, sans intervenir ou interférer dans leur trajectoire, afin qu'ils découvrent leur réelle valeur.***

Chaque âme a choisi d'évoluer et de s'épanouir au travers de situations, d'événements ou de circonstances qui correspondent à un scénario qui lui est propre. C'est la raison pour laquelle nous n'avons pas à nous immiscer dans ce scénario. Trop souvent, habités par *"l'émotionnel",* nous cherchons à jouer le rôle de *"sauveur",* en essayant de gérer nous-mêmes la situation ou le problème. Nous empêchons alors cette âme d'aller dans son plan de vie, et de puiser "en elle" ses ressources, pour atteindre son autonomie. Les conséquences sont parfois désastreuses, car l'action n'étant pas juste, cette âme aura à vivre d'autres initiations ou épreuves, qui la conduiront dans des circonstances encore plus difficiles, pour qu'elle puisse, *enfin*, quitter le banc des "assistés". C'est seulement ainsi, qu'elle sera amenée à chercher, au plus profond d'elle-même, la solution à ses problèmes, et non pas toujours "à l'extérieur", par l'intermédiaire d'autres personnes.

Chaque être humain est relié Au Divin, et s'il en prend conscience, il a toutes les réponses à ses questions "EN LUI". Là se situe le Véritable Libre Arbitre.

En bas........il n'y a pas de solution.

En haut .....il n'y a pas de problème.

De plus, n'oublions pas qu'**en prenant la place des autres**, en gérant leurs problèmes ou leurs difficultés, qui bien souvent ne nous concernent aucunement, **nous sommes dans *"le vouloir"* et dans *"le pouvoir"*, et nourrissons *"la dépendance"***.

Si, par ailleurs, ces personnes ne nous ont rien demandé, nous pouvons considérer que notre attitude fait preuve ***"d'ingérence"***, et il est probable, qu'en échange, nous "recevions des leçons". La vie mettra sûrement sur notre chemin, des situations ou des événements, plus ou moins éprouvants (maladie ou autre...) qui nous montreront que nous n'étions pas à notre vraie place, n'ayant pas su respecter le plan d'évolution de ces âmes.

La Vie est remplie de signes qu'il nous appartient de décoder. Ouvrons nos yeux et nos consciences. Cependant, n'entrons pas dans la culpabilité ; tout est à expérimenter, pour connaître, comprendre et nous éveiller. **L'essentiel est de toujours faire de notre mieux**, en étant vigilants dans les actes que nous sommes amenés à poser. Le discernement est à mettre *"en action"*, et l'émotionnel *"en veille"*, car c'est souvent ce dernier, lorsqu'il est composé de vibrations basses, qui, *par réaction* issue de la peur et de la souffrance, restreint notre compréhension devant l'événement, en bloquant notre ouverture de conscience. Cela nous amène à émettre des pensées, des paroles limitées, ou à poser des actes inconscients. Accueillons l'émotionnel, bénissons-le, et surtout ne le jugeons pas, car son rôle est précieux pour nous faire grandir dans l'ÊTRE.

C'est dans l'observation, la conscience, le ressenti, l'authenticité, face à nous-mêmes, que nous avancerons. Alors, tout simplement, avec joie, DANS LE RESPECT, avançons !

Quitter à jamais le banc *des assistés, des dépendants, des victimes, des coupables,* pour monter sur le banc ***des créateurs responsables, conscients ou inconscients*** mais ***non coupables,*** est un but très noble auquel l'Homme Cosmique peut aspirer. C'est un choix qui lui appartient s'il désire entrer dans un état de conscience modifié, état qui lui donnera alors accès à ***l'acceptation, sans révolte ni résistance, de ce que lui présente la Vie, dans son quotidien***, et qui correspond au plan d'éveil qu'a choisi son âme.

Certes, il y a des étapes à franchir avant d'atteindre ce regard neutre sur notre Vie. L'essentiel est d'aller à notre propre rythme, en OFFRANT nos difficultés à réaliser, "au présent", ce but ultime de libération émotionnelle.

C'est **en déposant *"notre fardeau",*** composé de nos blessures, de nos souffrances, de nos faiblesses **entre LES MAINS de Celui qui peut TOUT "en nous"**, que la Véritable Libération s'accomplit. N'en ai-je pas fait moi-même, l'expérience lors de la phase terminale de la maladie, en l'année 1986, **lorsque j'ai offert la haine qui m'habitait à DIEU LE PÈRE**, par l'intermédiaire du CHRIST "en moi", et que **cette haine s'est transmutée en RÉCONCILIATION** me conduisant au-delà du pardon, dans ***le REMERCIEMENT, la LOUANGE et la BÉNÉDICTION*** ?

Aujourd'hui, cette OFFRANDE fait partie intégrante de ma vie, et je ne puis que souhaiter à chacun de vivre de tels moments de bonheur où la plus Grande Grâce reçue est la Paix du cœur.

Je Re-*Connais* le Respect et la Liberté de l'être humain, lorsqu'il réalise que personne n'a de pouvoir sur lui, s'il ne le permet pas.

Je Re-*Connais* la Divinité qu'il porte en lui et le Respect qu'il peut, en conscience, LUI apporter.

Je Re-*Connais* l'ÊTRE qui l'habite et l'accomplissement du Plan Divin à travers lui, dans le Respect de la Matière.

B - LE SECOND RESPECT est *LE RESPECT DES ÉMOTIONS*, en apprenant à ***les gérer***, en conscience, ***avec ÉQUILIBRE***, en les reconnaissant dans leur nature propre et en les vivant, sans jugement.

Quelles que soient les émotions ou sensations qui montent en nous lorsqu'un événement ou une situation se présente dans notre vie, il est essentiel de les respecter, en les observant, en les admettant, en les accueillant, en les ressentant profondément, afin d'être à l'écoute du message qu'elles désirent nous transmettre, soit par le corps, soit par l'esprit. **L'important est de les laisser "être"**, afin de leur donner la possibilité de se manifester et de s'exprimer. Que ces émotions soient plus ou moins denses, **elles ont leur raison d'exister, jusqu'au moment où elles seront transmutées**, ***en nous***, **par l'Amour**, dans le thymus.

En effet, que ce soit la peur, la culpabilité, la colère, la révolte, la résistance, la jalousie, l'amertume, l'angoisse, l'inquiétude, le doute, la crainte, la honte, la tristesse, la souffrance, la rancœur , la haine, etc..., tous ces états émotionnels sont à vivre pleinement, afin d'être connus, ressentis et transformés en Lumière. A quoi bon les nier ou les combattre, ils font partie de notre humanité. Il est toujours possible de se faire accompagner par un thérapeute pour s'en libérer en douceur, tout en n'oubliant jamais que DIEU SEUL, notre Moi Divin, peut opérer l'alchimie *en nous*.

Chacun de ces états, chacune de ces émotions, nous donne des leçons de vie, en nous permettant de déceler ce que nous portons en nous-mêmes, afin "d'accoucher" de notre Véritable Identité.

Comme je l'ai écrit dans *"Cancer, Mon Chemin de Guérison..."*, l'Homme n'est pas cette simple personnalité, il est une Pensée de DIEU et se trouve en permanence relié à La Source Sacrée. Il est venu sur la Terre pour ***expérimenter*** la matière. Il a une tâche particulière à accomplir qui consiste, en tout premier lieu, à ***s'auto-connaître***. C'est ainsi qu'il peut découvrir les potentiels *dits positifs ou négatifs*, reconnus comme points forts et points faibles, appelés couramment qualités et défauts, qu'il expérimente dans la personnalité - et que je nomme aujourd'hui, *zones d'ombre et de Lumière* - pour les **unifier** dans la Lumière et ainsi **s'expanser** dans l'Univers.

Tout ce qui nous paraît altéré et dense "en nous" ne demande qu'à être *brûlé au cœur de notre Être (dans le Thymus),* pour se voir alchimisé.

"...Nous luttons perpétuellement afin de ne pas nous trouver face à face avec ce qui "EST" : nous cherchons à nous en évader ou à le modifier. Mais, ***le vrai contentement est celui de l'Homme qui comprend ce qui "EST", et lui accorde sa véritable signification****...*

*...**La lutte en vue de changer ce qui est en ce qui n'est pas**, ou **de vouloir transformer** ce que nous sommes en quelque chose que nous désirons devenir, **est une fuite devant** CE QUI EST.* [1] *"*

Cette lutte nous éloigne de l'essentiel. **La véritable métamorphose se produit sans lutte**. Le changement réel s'opère **de l'intérieur**, par notre Conscience Supérieure qui nous amène à comprendre CE QUI EST et qui nous pousse à poser l'acte juste ; d'où l'importance de **lâcher prise et de respecter CE QUI EST**.

Les sensations, les instincts, les intentions et les intérêts qui nous habitent sont, eux aussi, issus de la personnalité et demandent à être gérés avec respect. Il en est de même pour toutes nos réactions qui émanent du mental et généralement d'encodages très anciens.

Il est important de savoir que c'est souvent le corps émotionnel qui entraîne le corps physique au-delà de ce qu'il désire vraiment, et le pousse à dépasser ses réels besoins. Prenons pour exemple le désir de

---

[1] *Voir bibliographie :* Krishnamurti, *"La première et dernière liberté", Éd. Stock Plus.*

manger une tablette de chocolat, alors qu'un ou deux carrés pourraient largement nous suffire. Ce sont souvent **nos émotions, ou sensations de vide intérieur** qui nous entraînent dans de tels comportements. Il en est de même pour toute dépendance, que ce soit la boisson, la cigarette, la drogue, le sucre, le jeu, l'informatique, le super-activisme, etc...

La meilleure solution pour se détacher de ces dépendances n'est surtout pas de les nier ou de les fuir, mais de **les Reconnaître,** de **les Accueillir,** d'**en Comprendre l'origine et le sens,** de **les Respecter** et de **les Bénir**.

Lorsque nous acceptons ce vide intérieur, sans le juger ni le condamner, en le vivant totalement dans la compréhension de ce qui "EST", une nouvelle réalité de Paix apparaît.

Comme le dit si bien Mère Meera[1]:

***"Tu ne peux transformer ce que tu n'as pas béni..."*.**

C'est, en effet, lorsque j'ai accepté et béni la chimiothérapie, qu'elle s'est transformée, très rapidement, en énergie de guérison. N'oublions jamais cette belle leçon !

Respecter nos instincts consiste aussi à respecter nos pulsions sexuelles. Il n'est pas question, pour cela, de faire vœu de chasteté, mais de ne pas gaspiller l'énergie sexuelle qui est très puissante sur ce plan terrestre, étant source de Création et de Vie.

Il s'avère, en effet, très important de prendre conscience des répercussions souvent nuisibles, qu'une sexualité débridée peut entraîner dans la vie d'un être humain qui cherche à s'épanouir et à s'éveiller. Tout étant énergie, certaines énergies ne sont pas toujours compatibles et ne peuvent être constructives. C'est le cas du courant

---

[1] *Voir bibliographie :* Adilakshmi Olati, *"La Lumière de Mère Meera. Dans les pas de Sri Aurobindo", Éd. L'Or du Temps.*

Electrique : lorsque nous voulons brancher du 220 volts avec du 110 volts, cela fait aussitôt disjoncter l'installation électrique. Á chacun d'en tirer l'enseignement.

Une relation sexuelle qui se veut harmonieuse est à baser sur l'équilibre des quatre dimensions de l'être : le corps, le cœur, l'âme et l'esprit. Il nous appartient de décider de notre vie, et de savoir si nous désirons "nous construire" ou "nous détruire". Il n'y a rien à conseiller, il y a seulement *à informer*. L'Homme est libre de ses choix et de sa Vie.

Par ailleurs, il est essentiel de se souvenir que **nous portons en nous dans l'A.D.N.**[1]**, la mémoire et l'encodage de toutes les émotions issues de la lignée biologique** qui nous a précédés, ainsi que de toutes les émotions et sensations, qu'a vécues notre mère lorsqu'elle nous portait dans le liquide amniotique durant la grossesse. D'où l'évidence de ne pas hésiter à nous faire accompagner en thérapie si ces émotions ont été fort lourdes, principalement pour nous en libérer, si nous voulons éviter la maladie ou si nous y sommes déjà confrontés.

Les émotions douloureuses que nous abritons sont constituées par l'énergie de souffrance, encodée dans le mental, qui reste encore active en nos cellules ; elles représentent simplement certaines facettes de la personnalité, et ne nous appartiennent pas. Elles ont pour rôle de nous révéler à nous-mêmes, afin de mieux percevoir et comprendre les mêmes émotions chez les autres. Aussi, il nous est possible, au fil du temps, de leur permettre de s'affiner dans le thymus *(Cœur Cosmique)*, **"Lieu de la Grâce"**, en les laissant se transformer en de belles, nobles et riches émotions, telles que :

- *le **R**emerciement*
- *la **L**ouange*
- *la **G**ratitude*
- *la **B**énédiction*
- *le **C**ontentement*
- *la **C**ontemplation*
- *l' **A**dmiration*
- *l' **A**llégresse*
- *l' **É**merveillement*
- *l' **E**xtase*
- *la **F**élicité*
- *la **P**aix.*

---

[1] A.D.N. : abréviation de l'Acide Désoxyribo Nucléique, constituant les chromosomes, supports de l'hérédité.

Mais, il est inutile d'être obsédés par une performance d'excellence, l'essentiel est d'accueillir et d'accepter honnêtement, ce qui demeure au plus profond de nous-mêmes. C'est ainsi que nous pouvons ressentir la Véritable Paix du Cœur, qui nous amène à glorifier Le Créateur "en nous".

Chaque émotion peut être bénie, car, en elle, nous apprenons à aimer, d'où l'importance de la respecter.

C - LE TROISIÈME RESPECT est *LE RESPECT DES PENSÉES,* en apprenant à ***les gérer***, en conscience, ***avec LIBERTÉ***, dans la neutralité, pour en demeurer seulement *le témoin.*

Tout comme les émotions, les pensées tiennent une place capitale dans notre vie, puisque ***"l'Homme devient ce qu'il pense..."*** (A. Tchekhov). D'où la nécessité de devenir *spectateurs* de la pensée que nous captons, en restant neutres, sans nous y attarder.

Chaque pensée ressentie et acceptée s'inscrit dans nos cellules et dans nos gènes, et se manifeste inévitablement dans notre corps.

Par la pensée, l'Homme façonne en permanence son présent, comme son avenir (A...VENIR). Il a pour habitude de se projeter sans cesse dans le futur, ou de retourner dans le passé, pour y trouver des repères. C'est ainsi qu'il passe *"à côté"* de Son Présent. Il n'a pas encore totalement pris conscience que **seul le présent peut lui permettre d'*ÊTRE CE QU'IL EST VRAIMENT*.**

Les pensées alimentant la conscience sociale se trouvent souvent altérées par le jugement, la peur, la tristesse, la culpabilité, la haine ou tout autre émotion ou sentiment qui nous limite dans notre expression.

Chaque fois que nous nous jugeons, que nous jugeons les autres ou toute situation, et que nous jugeons une pensée, la divisant en *"pensée positive"* ou en *"pensée négative"*, nous altérons la pensée, qui a *le droit d'être ce qu'elle est.* De ce fait, nous abaissons considérablement la qualité vibratoire de la pensée. De plus, il est important de *ne pas se juger d'avoir pu juger,* car **tout jugement entrave le développement de notre cerveau**.

En revanche, lorsque nous nous abstenons de limiter ou de condamner nos expériences ou celles d'autrui par le jugement, nous permettons aux cellules de notre cerveau de capter des pensées à Fréquences Supérieures, au-delà de la conscience sociale.

Étant alors en mesure de capter des pensées à Fréquences Supérieures ou Illimitées, notre état d'être ne peut que s'améliorer. Plus les pensées que nous captons sont élevées, plus elles agissent sur notre santé.

En effet, les pensées élevées activent la glande pituitaire, qui, se trouvant réactivée, envoie beaucoup plus d'hormones à la glande pinéale, permettant ainsi à certaines parties, encore endormies, du cerveau, de s'éveiller.

Les pensées nourrissent continuellement les cellules de notre corps.

L'abondance de la sécrétion d'hormones dépend de la qualité des pensées.

Chaque pensée fait partie du TOUT et alimente le TOUT. Elle a sa place dans l'Univers et sert à son accomplissement.

Quelle que soit la nature des pensées qui arrivent vers le récepteur qu'est le cerveau, elles ont un rôle à jouer pour éveiller la conscience, et c'est la raison pour laquelle il est judicieux de les respecter.

Lorsque les pensées sont angoissantes, qu'elles nous perturbent et nous déstabilisent, il est vivement recommandé de ***ne pas se complaire à les entretenir***, mais de s'en libérer, en les accueillant sans jugement, tout en les remettant au DIEU de notre cœur, qui saura les transmuter dans le feu de son Amour Infini. ***Ceci peut s'actualiser*** en lâchant le mental inférieur pour descendre dans le corps, ***en ressentant intensément nos cellules***, et en communiquant avec elles par la respiration consciente.

Pour que toute pensée soit admise, comprise et respectée, il est nécessaire qu'elle soit ressentie et vécue dans tout le corps, en conscience.

Comme le dit si bien Eckhart Tolle :

"En habitant pleinement et totalement notre corps
dans l'instant présent,
nous nous élevons au-delà de la pensée,
et c'est ainsi que nous touchons l'Essence même de notre ÊTRE. [(1)] *"*

Dans l'accueil, la joie, la plénitude et la félicité de l'instant présent, nous accédons aux plus hautes pensées capables de régénérer nos cellules. Par contre, lorsque nous vivons un conflit intérieur, les pensées captées étant beaucoup plus denses, elles déstabilisent notre énergie, et alimentent nos peurs.

"Lorsque notre mental s'apaise,
en ne niant pas ce qui se passe dans le présent,
nous avons la possibilité de "toucher" l'ÊTRE
que nous sommes vraiment,
c'est-à-dire notre nature profonde qui est Lumière,
et de lui exprimer notre reconnaissance et notre respect. [(1)] *"*

C'est ainsi que, en étant pleinement lui-même, en renonçant à ce désir constant de démonstration d'excellence extérieure, l'Homme pourra rejoindre le DIEU qui l'habite, qui n'attend que ces Retrouvailles.

Puissions-nous quitter les pensées limitées de la conscience sociale, pour capter les pensées Illimitées de l'Esprit de DIEU, car plus nous captons de pensées à Fréquences Supérieures, c'est-à-dire Illimitées, plus les vibrations de notre corps s'intensifient. C'est alors que notre corps perd de sa pesanteur et redevient Lumière.[(2)]

[(1)] *Voir bibliographie :* Eckhart Tolle, *"Le Pouvoir du Moment Présent" et divers livres-audio, même thème, Éd. Ariane.*
[(2)] *Voir bibliographie : "Ramtha", Éd. ADA.*

D - LE QUATRIÈME RESPECT est ***LE RESPECT DES SENTIMENTS***, en apprenant à ***les gérer***, en conscience, ***avec PROFONDEUR***, dans l'accueil de nous-mêmes, des autres et de la vie, et dans le Don Véritable, sans attente.

A ce niveau d'éveil, nous accédons à ***l'Amour-ressenti*** et il est souhaitable de regarder ce que le mot *"sentiment"* nous enseigne.

Sommes-nous toujours vrais dans ce que nous appelons *"les sentiments"* ?

Sommes-nous en mesure d'*"Accueillir l'Amour"* et de *"le Ressentir"* ?

Sommes-nous prêts à nous ouvrir *pour recevoir* ? N'oublions pas que nous recevons à la mesure de ce que nous voulons donner, et que nous donnons à la mesure de ce que nous voulons recevoir.

Sommes-nous capables de nous aimer totalement et d'aimer *"sans attente"* ?

L'Amour-ressenti est DON REÇU et DON DONNÉ. Il est au-delà de l'apparence. Il vient DU PÈRE. Il est de Source Divine. Il demeure au cœur de notre Être. Il est *"Pure Essence"*, *"Pur Trésor"*. Il n'est pas comparable aux sentiments qui rejoignent les émotions, bien que ceux-ci aient leur raison d'être.

L'Amour Véritable émane de la région du cœur où se situe le Thymus, Glande Sacrée, contenant notre Germe Lumière qui détient l'Énergie la plus pure.

C'est **en ce** *"lieu magique"* **et de ce** *"lieu magique"* qu'est accueilli et déversé le plus grand flot d'Amour.

Lorsque l'Être est totalement relié à La Source d'Énergie du "PÈRE-MÈRE", et qu'il prend conscience de Son Identité Divine, *en la Reconnaissant, en la Ressentant profondément, et en la Manifestant,* il peut expérimenter l'Amour Impersonnel, celui qui se vit au-delà de la personnalité, **EN CHOISISSANT D'AIMER CE QU'IL EST VRAIMENT, CE QUE SONT LES AUTRES ET TOUT CE QUI EST**.

Il devient alors un flambeau d'Amour, son corps Lumière transcende son corps physique, ce qui lui permet de Rayonner et de S'Accomplir totalement.

Le Don Véritable de l'Amour se fait en premier lieu à soi-même, pour qu'il puisse ensuite se répercuter sur les autres. En fait, s'aimer soi-même revient à aimer DIEU, en soi.

En effet, une relation peut être constructive, dans la mesure où **l'acceptation et l'Amour de soi-même** nous conduisent à l'acceptation et l'Amour de l'autre et de la vie.

Si nous aspirons à des échanges nobles et sincères, il est souhaitable d'accueillir, sans jugement, les sentiments, les émotions qui nous animent et ce que nous sommes totalement. Ainsi, il nous est possible d'accueillir les sentiments, les émotions et les comportements de ceux avec qui nous entretenons des relations.

Respecter nos sentiments, nos sensations, nos émotions, nos aspirations profondes, nous amène à vivre des relations saines, équilibrées, dans lesquelles la vérité est à l'honneur. C'est alors que l'attachement, la possession, la domination, le pouvoir, l'ingérence, le calcul, la comparaison, la dévalorisation, la critique, la condamnation et l'attente permanente n'ont plus raison d'être.

AIMER...

C'est S'Ouvrir à la Vie,
et à l'Amour de DIEU "en nous"...
C'est Donner sans rien attendre en retour.

Comme je l'ai déjà évoqué dans *"Cancer, Mon Chemin de Guérison..."* :

"Notre cœur est l'organe de l'Amour. Si nous observons la manière dont il fonctionne, nous constatons qu'il reçoit d'abord le sang avant de le propulser à travers le corps. Il ne garde rien pour lui. Il accueille tout simplement le sang bleu et le sang rouge, sans se poser de question, et redistribue le tout d'une façon judicieuse, mais il ne peut donner que ce qu'il a d'abord reçu.

C'est la raison pour laquelle il nous est difficile d'aimer vraiment, en donnant sans attente, si nous ne sommes pas prêts à nous ouvrir pour recevoir...

Mais n'oublions pas que le véritable Amour est au delà de l'apparence...

Les échanges indispensables à la vie ne se voient pas. Ils font partie du Tout et retournent au Tout. Nous ne sommes que des diffuseurs de l'Énergie Suprême qui est Amour. Cette Énergie est au centre et autour de notre Être et se déverse continuellement en nous ; il nous appartient simplement de demeurer en vacuité afin d'accueillir cette Énergie et de la diffuser autour de nous.

Ceci est l'état de pur Amour." [1]

En aimant toute personne, quelles que soient son apparence, son expression, son appartenance, nous aimons le DIEU qui vit en elle, et qui lui permet d'être ce qu'elle EST

Toute personne mérite d'être aimée, en raison de l'Être Divin qui l'habite. Le fait que DIEU habite son ÊTRE a plus de valeur que n'importe lequel de ses comportements, de ses actes et de son état physique.

Si nous aimons chaque individu, en faisant abstraction de ce qu'il manifeste, et de ce qu'il expérimente, en laissant notre Amour tout

---

[1] *"Cancer, Mon Chemin de Guérison...", Éd. Arkhana Vox, 2001.*

simplement *"être"*, nous restons purs, dans notre corps, notre cœur, notre esprit et notre âme.

C'est avec ce regard, nouveau et plus large, sur ce qu'est la véritable dimension de l'Amour, que nous pouvons prendre conscience de l'importance de **respecter** ce que nous appelons ***"les sentiments"***, qui sont, avant tout, reliés aux ÉTATS D'ÊTRE ÉMANANT DU CŒUR.

E - LE CINQUIÈME RESPECT est *LE RESPECT DES PAROLES*, en apprenant à ***les gérer***, en conscience, ***avec AUTHENTICITÉ***, dans la vérité, la sincérité et la bienveillance.

A ce niveau d'éveil, nous accédons à ***l'Amour-exprimé,*** et il est salutaire, au préalable, d'apprendre à écouter.

Tout d'abord ***"apprendre à s'écouter soi-même"***, en allant dans ses vrais besoins, ses réels désirs, sans jamais utiliser de mots, de phrases qui ne correspondent en rien à ce que nous ressentons ou à ce à quoi nous aspirons profondément. Cela veut dire apprendre à dire **"OUI"** lorsque nous pensons "OUI", et **"NON"** lorsque nous pensons "NON". C'est être **AUTHENTIQUES**.

Il est également important de ***"savoir écouter l'autre"***, afin de percevoir ses émotions, c'est-à-dire ce qu'il peut ressentir, pour que l'échange verbal soit clair et constructif. Il est vrai que, très souvent, nous ne prenons pas le temps de laisser l'autre s'exprimer, en lui coupant la parole. C'est pourquoi, la conversation prend alors une *"tournure"* à laquelle nous ne nous attendions pas, et peut même, parfois, se détériorer, dans une incompréhension totale. C'est ici que peuvent intervenir *"l'attention"* et *"le respect"*, qui sauront calmer le débat.

En étant vigilants, mais en nous donnant toutefois le droit d'exprimer et de manifester qui nous sommes vraiment, sans aucune crainte, ni contrainte, et surtout ***sans chercher à blesser,*** nous sommes en mesure de garder notre identité, et de poursuivre, en toute vérité, l'objectif de Vie que nous nous sommes fixé.

Une communication saine est un échange basé sur l'authenticité réciproque, qui permet à chacun d'exprimer *"sa vérité"* dans le respect de l'autre.

Pourquoi ne pas garder en mémoire la phrase de William Shakespeare dans *"Hamlet"*, qui nous invite au respect de la parole vraie :

"Mais avant toute chose :
sois vrai avec toi-même,
et il s'en suivra, comme la nuit après le jour,
que jamais tu ne seras faux envers un seul homme."

Il nous appartient de faire en sorte de créer des relations harmonieuses et enrichissantes, où "la parole" a pris son véritable sens.

Peut-être nous serait-il parfois préférable de rester silencieux, afin de "laisser un espace en nous", de façon à ce que l'Inspiration Divine, l'Esprit Saint, descende et nous insuffle les paroles justes.

Respecter nos paroles, c'est aussi éviter de prendre des engagements *"à la légère"*, ignorant s'il nous sera possible de les tenir. Mieux vaut parfois s'abstenir de tout engagement, et laisser faire la vie qui, très souvent, nous conduit vers des expériences imprévisibles.

Personne ne sait de quoi sera fait "demain", c'est la raison pour laquelle il est souhaitable d'être prudents quant aux paroles que nous prononçons, afin d'éviter de faire des promesses que nous ne pourrons peut-être pas tenir.

L'unique engagement, qu'il est important de respecter, est celui que nous avons pris face à l'accomplissement de notre âme, et au programme qu'elle s'est fixé. **L'essentiel est de CONNAÎTRE l'aspiration profonde qui anime notre âme, de la RESSENTIR au**

Centre de notre Être, et de la VIVRE. Seul notre cœur est en mesure de nous éclairer et de nous guider.

CONNAÎTRE est au-delà de l'intellect. Le fait de Connaître est absolu, il est relié à La Source, Au Père, Au MOI DIVIN. ***Par cette reliance,*** il n'y a plus à nous convaincre, il n'y a plus de doute, plus d'hésitation. ***C'est une certitude.*** C'est une vérité ressentie par l'Âme...***C'EST !***

L'Amour-exprimé rejoint l'expression et la manifestation de l'Amour.

L'Amour-exprimé **:**

- C'est avant tout, OSER EXPRIMER notre ressenti, nos véritables sentiments, notre profonde affection ou reconnaissance, notre réelle tendresse ou gratitude, notre sincère amitié ou sympathie, à toute personne marchant sur notre chemin, principalement envers nous-mêmes, en nous respectant et en nous aimant...
- C'est SAVOIR MANIFESTER NOTRE AMOUR par des paroles chaleureuses, des attitudes, des attentions bienveillantes, apaisantes, réconfortantes, encourageantes, valorisantes, source de joie et de bonheur, et surtout par des mots et des gestes qui viennent du cœur...
- C'est NOUS PERMETTRE de prendre dans nos bras les êtres pour lesquels nous ressentons une profonde affection...
- C'est GOÛTER AU PLAISIR PARTAGÉ, d'offrir des fleurs, par exemple.

Réchauffer l'âme de ceux et celles que nous croisons sur notre route est réellement DIVIN. N'oublions pas que nous créons par *"le verbe",* et que **les paroles peuvent GUÉRIR**.

Puisse chaque personne avec laquelle nous serons entrés en contact, par notre présence et les mots que nous aurons prononcés, se trouver grandement réconfortée, encouragée, dynamisée et éclairée !

F - LE SIXIÈME RESPECT est *LE RESPECT DE LA RESPONSABILITÉ*, en apprenant ***à gérer***, en toute conscience, ***avec LUCIDITÉ***, dans l'intégrité et la confiance totale…

- Les **buts** que nous poursuivons,
- Les **engagements** que nous avons pris envers nous-mêmes,
- Les **intentions** véritables qui nous animent,
- Les **événements** et les **situations** qui se présentent au cours de notre vie, en comprenant qu'ils sont un enseignement pour nous permettre d'évoluer, en nous ouvrant à une nouvelle conscience.

Devenir responsables de notre vie consiste, en tout premier lieu, à cesser de nous identifier *"au coupable"* ou *"à la victime"*, en devenant des individus ***"responsables mais non coupables, car souvent inconscients"***.

Être responsables, ce n'est pas porter *"les autres"* sur nos épaules en nous sentant indispensables à leur réussite et leur bonheur, car ils ont, eux aussi, leurs expériences à faire.

Vivre en toute responsabilité, c'est prendre conscience que tout ce que nous pensons, tout ce que nous disons, tout ce que nous faisons, a des répercussions dans l'Univers, et influence la trajectoire de l'Humanité tout entière.

Notre responsabilité est totale face aux événements qui se produisent sur la Terre, puisque *TOUT EST RELIÉ DANS LE COSMOS.*

Être responsables, c'est réaliser que toutes les expériences et toutes les circonstances que nous sommes amenés à vivre, ainsi que tous les êtres que nous côtoyons ou que nous croisons sur notre chemin, sont nécessaires pour nous APPRENDRE le détachement de l'émotionnel, l'humilité, la compassion et l'Amour Inconditionnel.

Tout est utile pour nous conduire *"AU RÉVEIL"*.

En reconnaissant que nous avons le choix de réagir devant tous les événements,

- *Soit dans l'accueil, l'acceptation, la tolérance, la neutralité, la confiance, la foi, la conscience, l'Amour et la Bénédiction,*

- *Soit dans la peur, la révolte, la colère, la résistance, la tristesse, la haine ou la culpabilité,*

nous accédons au Respect de la Responsabilité, et sommes amenés à comprendre les leçons que la Vie désire nous donner, afin de parvenir à la sagesse, en nous plaçant "au-dessus" de ce que peuvent voir nos yeux et de ce que peuvent entendre nos oreilles physiques.

C'est ainsi qu'il nous est possible d'atteindre un niveau de conscience plus élevé et d'accroître l'intensité de notre rayonnement, en découvrant la Grâce de la Paix Intérieure.

ÊTRE RESPONSABLES
consiste
à Reconnaître notre Vraie Valeur
et les Buts Réels
que nous sommes capables d'atteindre.

G - LE SEPTIÈME RESPECT est ***LE RESPECT DE l'AUTORITÉ SUPRÊME*** qui rejoint L'UNITÉ AVEC LE PÈRE "en Nous"...

- **en apprenant à nous gouverner nous-mêmes**, tout en remettant totalement notre vie à la Volonté de NOTRE GRAND SOI, AU DIVIN ;

- **en ajustant la Volonté de notre personnalité, de notre** ***"petit moi",*** **à la Volonté de notre** ***"MOI SUPÉRIEUR"*** qui est DIEU, Le PÈRE "en nous", qui, LUI, SAIT ce qui nous convient le mieux, en Le laissant tenir les rênes de notre Vie, en LUI donnant La Première Place ;

- **en renonçant au pouvoir des autres et au pouvoir sur les autres**, en restant libres et en laissant les autres libres ;

- **en aspirant à quitter la dualité pour rejoindre l'UNITÉ avec DIEU, en RECONNAISSANT LA LUMIÈRE DE NOTRE ESSENCE DIVINE ;**

- **EN REMERCIANT ET EN BÉNISSANT NOTRE ÂME pour tous** ***"les cadeaux d'évolution"*** qu'elle a choisis en cette incarnation, **afin de nous ramener à la DEMEURE du PÈRE**.

Adopter la Véritable Autorité,
nous donne le moyen de devenir adultes
EN DEVENANT LIBRES D'ÊTRE ET DE MANIFESTER
CE QUE NOUS SOMMES VRAIMENT :
"DES ÊTRES DE LUMIÈRE".

La Véritable Autorité n'a rien de comparable avec l'autoritarisme qui est la manifestation du pouvoir et de la domination.

Symboliquement, il nous est possible de détailler le mot *AUTORITÉ* de la façon suivante :

AUTO = Soi	...	RITÉ = Respect
AUTORITÉ	=	RESPECT DE SOI
RESPECT DE SOI	=	AMOUR DE SOI
AMOUR DE SOI	=	AMOUR DE DIEU

Pourrons-nous vraiment "ÊTRE"
si nous n'intégrons pas LE RESPECT
dans notre Vie ?
En nous respectant nous-mêmes,
en respectant les autres,
en respectant TOUT ce qui EST
et TOUT ce qui VIT,
n'est-ce pas DIEU Lui-même
que nous respectons,
puisque TOUT VIENT DE LUI ,
et que TOUT EST LUI ?

L'ILLUSION DE L'APPARENCE

Au-delà de l'apparence demeurent

- ***L'Énergie,***
- ***La Lumière,***
- ***L'Amour,***
- ***L'Être,***
- ***DIEU.***

Au-delà de l'apparence demeure ce que nous sommes "en Vérité" :

DES ÊTRES DIVINS
venus
"Vivre et embrasser intégralement la Vie
en toutes situations,
en sorte que l'Âme acquière la science de toute Vie. [1] "

Nous avons pris pour habitude de nous identifier et d'identifier les êtres qui nous entourent, ainsi que tous nos semblables, à *"l'apparence"*.

Il en est de même pour tout ce qui vit sur cette planète.

Nous avons oublié que TOUT EST ÉNERGIE et issu de la Source Divine qui EST AMOUR.

Bien au-delà de ce que nous apercevons, de ce que nous voyons, de ce que nous touchons, de ce que nous sentons, de ce que nous ingérons, il y a seulement LA LUMIÈRE, qui EST DIEU, L'ÊTRE, "LE VIVANT".

---

[1] *Voir bibliographie : "Ramtha", Éd. ADA.*

DIEU est au-delà de la forme,
IL EST *"LE NON MANIFESTÉ"*
qui a choisi de *"SE MANIFESTER"*,
en se densifiant dans La Création.

C'est la raison pour laquelle, à la base de toute chose et de tout nom, existe l'ÉNERGIE DIVINE qui est parfaite dans son Essence.

TOUT CE QUI EST MANIFESTÉ ET VISIBLE À NOS YEUX
est issu du *"NON-MANIFESTÉ"*
et DE PERFECTION DIVINE.

Alors, ne serait-il pas l'heure, à cette époque si troublée de l'humanité, de *"nous réveiller",* et de quitter le jugement permanent que nous émettons vis à vis de nous-mêmes, de tous nos frères humains, de toute situation, et de tout événement se produisant sur cette planète ?

Tout n'est qu'expérimentation dans la forme, pour CO-N-NAÎTRE et "SE" CONNAÎTRE. Cela fait partie d'un plan Divin que nous avons du mal à saisir, et qui bien souvent dépasse notre compréhension.

Les Grands Sages nous enseignent *"LA NEUTRALITÉ".* Ils ne prennent position en aucun domaine. Ils ne jugent pas. Ils *"observent"* ce qui se passe, et en restent les *"témoins",* sans émettre d'opinion. Ils ont conscience que l'ÉNERGIE DIVINE, DIEU, *"SAIT"* le POURQUOI et le COMMENT de toute manifestation, et qu'ils n'ont pas à interférer dans La Création, tout n'étant qu'illusion.

Comme l'enseigne Swami Omkarananda :

"Refuser de voir la justesse d'une situation est le fait d'un esprit infantile. C'est le recul de l'évolution à l'échelle cosmique, puisque tous nos gestes, toutes nos pensées, tous nos sentiments sont immédiatement ressentis par le Cosmos tout entier, et qu'ils affectent la totalité de l'Univers.

Dans le refus de notre destinée, il y a souvent un refus de nous-mêmes, une non-acceptation de ce que l'on EST.

◊ *Le besoin de se plaindre,*
◊ *le sentiment de frustration,*
◊ *le besoin de critiquer,*
◊ *la jalousie,*
◊ *la tristesse,*

sont des refus de la Vie."

Notre conscience, encore divisée, se plaît dans la rébellion, la révolte, la résistance, la peur, la souffrance. Cette non-acceptation du Dessein Divin est la source de toutes nos souffrances et de nombreuses maladies. *C'EST LE REFUS DE CE QUI EST.*

Nous avons tendance à nous attarder sur ce que nous montrent *"les formes",* et ce qu'elles représentent. Notre analyse est très objective. Ce n'est pas un mal en soi, puisque nous sommes incarnés "dans la matière". Cependant, ne serait-il pas judicieux, en ces temps d'éveil et de renouveau, d'élargir notre champ de vision et de perception, afin de concevoir que ***"l'apparence n'est qu'illusion"*** ?

En fait, nous n'avons pas totalement réalisé que **tout ce qui existe est Énergie et de Nature Divine**. Cette Énergie Lumière, émanant de la Source, demande à être accueillie, acceptée, ressentie, respectée, aimée et bénie. Elle s'est densifiée dans la forme pour se manifester et expérimenter. Lorsqu'elle aura accompli son œuvre à travers la matière, elle réintégrera le *"NON-MANISFESTÉ".*

Il est donc souhaitable de **ne pas s'attacher *"à la forme",* pas plus qu' *"à la personnalité",*** car elles sont éphémères.

Bien souvent, l'être humain s'apitoie sur son aspect physique. Il n'est pas satisfait de son corps et des organes qui le composent. Il cherche sans cesse à l'améliorer ou à le modifier. Il n'a pas compris que ce corps a été choisi par son âme pour lui permettre d'évoluer.

C'est ainsi que, ***grâce à ses disharmonies***, que ce soit son poids, sa taille, sa forme ou tout autre chose, ***il apprend l'humilité, le détachement de l'apparence, la tolérance, l'accueil, l'acceptation de ce qu'IL EST, et peut alors davantage "ÊTRE DANS LE CŒUR"***.

Cela lui permet, en effet, d'être plus respectueux envers autrui, de devenir plus attentif aux autres, d'éviter de les juger, de grandir dans la compassion, de s'éloigner du *"nombrilisme",* et ainsi de calmer l'ego. Il peut alors s'aimer dans sa totalité et aimer les autres tels qu'ils sont.

C'est pourquoi, **ce que nous pensons être disgracieux**, et que nous considérons comme un obstacle ou une épreuve, ***devient "un cadeau du Ciel"***. Cadeau qui nous donne la possibilité de nous aimer totalement, et ainsi d'être aimés et considérés pour notre seule qualité d'âme, et non pour ce que nous représentons à l'extérieur.

Notre rapport à la beauté ne serait-il pas faussé ?

L'ESSENTIEL EST AU-DELÀ DE L'APPARENCE.

Par ailleurs, le monde du désir et de l'ignorance nous amène à **souhaiter retrouver *"un jour"*, sous leur aspect physique**, les êtres qui nous étaient chers et qui sont repartis sur les autres plans. Il s'agit sûrement d'un noble sentiment. Mais pouvons-nous vraiment imaginer qu'ils ont gardé *"l'apparence"* qu'ils avaient lors de leur incarnation ?

Ces êtres ont quitté *"le monde de la forme"* pour réintégrer l'Énergie de l'Univers. Ils n'ont plus besoin de leur corps physique. Ils font partie du TOUT, et, leur conscience s'est fondue dans la Conscience Universelle. Si, parfois, certains d'entre eux se manifestent, soit *"verbalement",* soit *"dans la forme",* c'est afin que nous puissions *"les reconnaître",* ou, tout au moins, *"capter l'Énergie qui est la leur",* car ils désirent nous transmettre un enseignement ou tout simplement nous témoigner leur Amour. Mais leur apparence est illusoire et éphémère. C'est à nous de rester lucides et d'être heureux de partager leur belle énergie d'Amour en communiant avec leur âme.

Il serait enfantin de croire *qu'ils possèdent encore une valise garnie de différents vêtements sur les autres plans* !

Il en sera de même pour chacun d'entre nous. Lorsque nous quitterons cette Terre, nous rejoindrons le plan de Lumière et de Conscience qui correspondra à celui que nous aurons atteint ici-bas[1]. Chaque âme a un programme qui lui est propre ; l'essentiel est de respecter ce programme et de l'accomplir au mieux.

L'incarnation a un but d'éveil, de croissance, d'épanouissement et d'accomplissement, et, peut-être **est-ce le moment de regarder *"au-delà de l'apparence"*, afin de découvrir ce Merveilleux JOYAU qui sommeille en chacun de nous et en toute chose**.

Réfléchissons à *"cette apparence"* que nous avons si souvent jugée, mais abstenons-nous de nous juger d'avoir pu le faire. Le jugement faisant partie de la troisième dimension, il était à expérimenter.

C'est à présent un choix qu'il nous reste à faire, en toute conscience et vérité, si nous voulons avoir accès aux autres dimensions.

Avons-nous réellement envie de juger DIEU, le Principe de la Création, l'ÊTRE ÉTERNEL, "NOTRE PÈRE" ? Car, si nous jugeons qui que ce soit, ou quoi que ce soit, n'est-ce pas DIEU LUI-MÊME que nous jugeons ?

DIEU Vit en Nous,
DIEU Vit en Tout.
RECONNAÎTRE cette Vérité
RESSENTIR cette Vérité
VIVRE cette Vérité
est LA CLEF DE L'ILLUMINATION.

---

[1] *Voir bibliographie : "Ramtha". Éd. ADA.*

LA DÉCOUVERTE DE NOS RÉELLES VALEURS

Chaque être humain est issu de La Lumière Céleste et habité par le Divin. Il renferme donc, en lui, une Immense Richesse, composée d'Amour, de beauté, d'intelligence du cœur, de compassion, de bienveillance, de tendresse, de douceur, de connaissance, de vérité, de force, de joie, de foi, de paix, d'abondance et de bonheur. C'est au cours de son passage sur Terre qu'il est appelé à découvrir ses vraies valeurs, à les manifester et à les partager.

Quels que soient notre race, notre religion, notre niveau intellectuel, notre milieu social, le pays dans lequel nous résidons, la famille d'où nous venons et dans laquelle nous évoluons, chacun de nous est venu sur ce plan afin de laisser s'épanouir et grandir *"Son ÊTRE"*. A travers cet accomplissement, l'être humain est amené à *"Se Connaître",* et à *"Connaître"* la Vie que son Âme a choisi d'expérimenter.

Sur ce plan terrestre, notre réel **Trésor d'Accomplissement** ne serait-il pas **"notre dualité"** ? Dualité qui nous amène sans cesse à interpeller les contraires "en nous", pour qu'ils puissent se reconnaître, s'accueillir, s'intégrer, s'unifier en se fondant ensemble dans le Cœur Cosmique *(le Thymus)* - chakra cardiaque - afin de fusionner dans une Véritable Alliance, apportant la félicité.

Pour ce faire, l'Énergie qui nous anime nous a donné les éléments nécessaires à cette réalisation. **C'est simplement l'ignorance de notre Réelle Valeur qui nous entraîne, si souvent, dans la dévalorisation et la culpabilité.**

Nous avons oublié d'où nous venons et qui nous sommes vraiment. Maintes informations erronées nous sont parvenues depuis des siècles.

Nombre de mémoires sont restées encodées dans l'A.D.N. de la lignée que nous avons intégrée. Tant de souffrances accumulées nous ont empêchés de nous révéler.

Nous avons perdu la conscience de notre Véritable Identité. Nous nous sommes éloignés de la réalité. C'est la raison pour laquelle, ignorant notre vraie nature, ne sachant plus qui nous sommes, nous ne cessons de nous identifier à cette personnalité fort illusoire, que nous croyons nôtre, et qui, pourtant, ne pourra jamais nous appartenir.

En effet, cette personnalité, n'est que *"le véhicule"* qu'a choisi notre âme pour la réalisation de son scénario. Elle est composée de tous les sentiments et de toutes les émotions que notre âme a désiré expérimenter. Mais, bien au-delà, demeure **notre SOI SUPRÊME**, relié **au CŒUR de L'UNIVERS, à LA SOURCE SACRÉE**. C'est **ICI** que **se trouve notre Véritable Appartenance**. Nous ignorons, encore, combien Grande est notre Beauté et Immense notre Valeur, en tant que Substance Divine.

Comment pouvons-nous imaginer que *"Le Pur Esprit"*, qui nous a permis de nous densifier dans la matière, est si loin de nous, alors qu'Il *s'exprime à travers nous*, lorsque nous sommes reliés à LUI ?

Comment pouvons-nous encore croire que la Perfection Divine ne fait pas partie de notre Essence profonde, bien au-delà de notre aspect extérieur ? Ne sommes-nous pas d'Origine Céleste ?

Qu'importe l'apparence que nous avons choisie, seul compte ce que nous portons au cœur de nous-mêmes. C'est là que demeurent nos vraies valeurs. Ces valeurs n'attendent que notre accord pour "se révéler". Alors, pourquoi hésiter à les actualiser en toute authenticité ?

Ne serait-il pas l'heure de CONNAÎTRE, de RESSENTIR et d'EXPRIMER ce que renferme notre MOI DIVIN ?

Tant de merveilleux potentiels n'ont pas encore été exploités !

Tant de talents n'ont pas encore été expérimentés !

Tant de facultés ne se sont pas encore extériorisées !

Pourquoi gardons-nous enfoui ce Divin Nectar contenu dans Le Calice que représente notre Divinité ?

Avons-nous peur de participer pleinement à la Vie, dans la joie, l'aisance et la légèreté ?

Avons-nous peur de nous révéler à nous-mêmes, et de devenir le témoignage vivant du DIEU ÉTERNEL que nous abritons ?

Chaque être humain peut, *"s'il le choisit"*, et s'il s'est libéré de ses nombreuses blessures et culpabilités, **manifester tous les dons sacrés qu'il porte en lui**. L'essentiel est qu'il apprenne à ***"Se Reconnaître"***, afin de découvrir les nombreuses possibilités, ressources et aptitudes qu'il recèle en lui. Chacun de nous véhicule La Lumière Divine et c'est cette Lumière Céleste qui est en mesure d'agir à travers nous.

- Laisser germer "en Soi" la graine d'Amour Christique, en cultivant les valeurs du Cœur…
- S'estimer, se considérer, se respecter, *"s'approuver"*…
- S'accepter et s'aimer, en laissant couler la Vie en Soi…
- Avoir confiance en l'Esprit Saint qui nous inspire et qui nous vivifie…
- Reconnaître, Vivre et Sentir Cette Présence Divine en profondeur…

sont les clefs qui nous donnent accès à ce lieu sacré qu'est le thymus, glande maîtresse contenant la quintessence de notre ÊTRE, dans le chakra du cœur.

♦

IMPORTANT : ***Le thymus*** est la glande située en arrière et en haut du sternum, dans la région du cœur. Cette glande contient l'Énergie la plus pure. Elle est normalement développée durant l'enfance. Elle s'atrophie à l'approche de la puberté, mais ne disparaît pas complètement chez l'adulte. Cette glande active le système immunitaire en fabriquant des anticorps. Il est vivement conseillé de la stimuler chaque jour, en la tapotant avec les doigts ou le poing *(environ 30 fois de suite)*. De plus, en centrant toute notre énergie sur elle, en la ressentant profondément et en la visualisant dans la Lumière *(visualiser : c'est imaginer sous forme d'images)*, nous la dynamisons et lui permettons de se réactiver, et de renforcer nos autodéfenses naturelles *(cet exercice peut se faire le matin sous la douche)*.[(1)]

Souvenons-nous que cette glande renferme le Germe Sacré de l'Être Humain. Elle est reliée à l'Amour Infini, à Cet Amour Christique qui demeure au plus profond de nous-mêmes et qui n'attend *"que nous"* pour se manifester. Cette glande est d'autant plus active lorsque l'Amour a pris toute sa place dans notre Vie, **si nous avons CHOISI D'AIMER ce que nous sommes, ce que sont les autres et ce qu'est LA VIE**.

Souhaitons, de tout notre cœur, voir se libérer ce Sublime Trésor, en nous et en chacun de nos semblables, en cessant de nous dévaloriser et de les dévaloriser.

C'est en quittant ces faux semblants, qui nous empêchent d'avancer, que nous serons en mesure d'atteindre cet objectif sublime.

Il n'y a pas un seul être sur Terre qui soit rejeté par DIEU. DIEU, en tant que Principe de Vie, connaît intimement chacun de nous. Il sait ce qui nous anime. Il perçoit nos intentions aussi bien que nos souffrances, nos blessures, nos difficultés, nos faiblesses, nos limites humaines. Si nous Le laissons tenir les rênes de notre vie, si nous Lui

---

[(1)] *"Cancer, Mon Chemin de Guérison...", Chapitre : "La Respiration", Éd. Arkhana Vox, 2001.*

faisons entièrement confiance, Il déploie en nous Sa Force et Sa Puissance, et nous fait Renaître à une Nouvelle Vie. C'est alors que les capacités et les compétences les plus diverses et les plus nobles se révèlent *"en nous"* et *"devant nous"*.

Il suffit de Connaître, de Ressentir, d'Agir, de Croire et d'Aimer, ainsi, le meilleur s'accomplit en nous, à travers nous et autour de nous. Nos véritables valeurs peuvent alors éclore et s'accroître chaque jour, **afin de SERVIR l'HUMANITÉ**.

C'est en ouvrant notre Cœur
à la Vérité, à l'Amour,
qu'apparaîtront
les Valeurs de notre âme.

LES 12 CLEFS DU VRAI BONHEUR

1 - ***L'Accueil***, sans résistance,
dans l'Acceptation de notre Vie et l'Offrande du Présent.

2 - ***L'Attention***, sans jugement,
dans l'Amour et la Bénédiction de TOUT CE QUI SE MANIFESTE.

3 - ***Le Respect***, sans mesure,
dans la Bienveillance et la Compassion pour Soi-même, pour autrui, pour TOUT CE QUI EXISTE.

4 - ***La Neutralité***, sans restriction,
dans l'Observation détachée de CE QUI EST.

5 - ***La Liberté***, sans culpabilité,
dans la Capacité à "S'Autoriser à ÊTRE" pleinement CE QUE L'ON EST.

6 - ***L'Action***, sans crainte,
dans la Joie d'Expérimenter La Vie et de la Connaître.

7 - ***La Création***, sans hésitation,
dans le Plaisir de "SE Re-Connaître".

8 - *L'Humour*, sans modération,
dans la Pure Conscience de jouer un rôle éphémère et illusoire.

9 - *Le Silence Intérieur*, sans peur du vide et du manque,
dans l'Écoute Profonde de Soi-même et la Prière du Cœur.

10 - *La Conscience de La Lumière en Nous et en Tout*, sans déni de l'Ombre,
dans la Certitude que La Lumière est plus puissante que les ténèbres, bien qu'elle ait besoin de l'Ombre pour Se Révéler.

11 - *La Fusion*, sans réserve,
avec la Pure Présence qui Vit en nous
et l'Essence Divine de la Création,
dans LA CONNAISSANCE ET LE RESSENTI QUE TOUT EST DIEU.

12 - *L'Expansion*, sans limite,
par **"le Recevoir et le Don"**
de L'AMOUR INFINI
qui nous habite,
du DIEU que nous sommes,
dans L'ÉMERVEILLEMENT DE FAIRE UN AVEC TOUT CE QUI EST.

Ainsi LA VÉRITABLE JOIE
peut se manifester
dans l'AMOUR de SOI, des AUTRES et de LA VIE.

L'ŒUVRE DU PÈRE " en nous"
SE TROUVE ALORS ACCOMPLIE.

1 - L'Accueil

L'Accueil, sans résistance ni révolte, ***dans l'Acceptation de notre Vie, et l'Offrande du Présent*** au DIEU de notre cœur, quelles que soient les expériences nécessaires à notre éveil, ***est la Première Clef pouvant conduire au Vrai Bonheur***.

C'est CHOISIR d'être responsables et non victimes. **C'est CHOISIR D'AIMER**[1].

- ***Accepter*** totalement ce que nous sommes, ce que sont les autres, ainsi que tout ce qui s'est présenté dans notre Vie ou qui se présente encore aujourd'hui, ***dans la conscience que tout est juste et nécessaire pour "grandir spirituellement"***, dans la satisfaction d'évoluer à travers chaque expérience...

- ***Offrir*** chaque seconde de notre Présent, que ce soit la souffrance ou le bonheur...

nous donne accès à la Paix Intérieure.

"La clef de notre bonheur
dépend de notre capacité à être satisfaits."

Le Dalaï Lama

[1] *Voir bibliographie :* Pierre Pradervand, *"Plus jamais Victime, Victime ou Responsable : Je Choisis", Jouvence Éditions.*

2 - L'ATTENTION

L'Attention, sans jugement, ***dans l'Amour et la Bénédiction*** de ***TOUT CE QUI SE MANIFESTE***, en nous et autour de nous, en *"soignant"* notre regard de valorisation sur nous-mêmes, et sur les autres, ce qui contribue à l'épanouissement *"du merveilleux"* en chacun, afin de ne voir que la beauté de ce qui existe, est ***la Deuxième Clef pouvant conduire au Vrai Bonheur***.

- ***Être "Observateurs Attentifs" de la Vie***, en restant neutres, nous donne la capacité de créer un monde empli de compassion, et nous amène à percevoir le pourquoi et le comment des choses,

afin de nous dévoiler L'Essentiel, qui EST LUI.

"Réaliser un bonheur authentique
suppose de transformer
notre manière de penser
et le regard que l'on porte
sur le monde et sur les autres."

Le Dalaï Lama

3 - Le Respect

Le Respect, sans mesure, ***dans la Bienveillance et la Compassion*** pour nous-mêmes, pour tous nos semblables et pour tout ce qui Vit, en nous accordant du temps, ainsi qu'en accordant du temps aux autres, ce qui nous valorise et les valorise immédiatement, est ***la Troisième Clef pouvant conduire au Vrai Bonheur***.

Si nous Respectons "LE VIVANT", dans sa manifestation,

la Vie saura, à tous niveaux, nous respecter.

"Maintenir l'harmonie
et l'équilibre du monde
suppose de prendre soin
de chaque être humain."

Le Dalaï Lama

4 - La Neutralité

La Neutralité, sans restriction, ***dans l'Observation détachée de CE QUI EST***, en permettant au Dessein Divin de s'actualiser, ***est la Quatrième Clef pouvant conduire au Vrai Bonheur***.

❀ ***En demeurant "le Témoin"*** du monde manifesté, en ne prenant pas position,

en laissant DIEU accomplir Son Œuvre,
nous Connaîtrons la Félicité.

Regarde...
Contemple...
Émerveille-toi...
Réjouis-toi...
Ne juge pas...
Ainsi la Vie te sourira.

❀

5 - LA LIBERTÉ

La Liberté, sans culpabilité, ***dans la Capacité à "S'Autoriser à ÊTRE" pleinement CE QUE L'ON EST***, en décidant d'aller dans ses profondes aspirations, ses justes besoins, ses véritables désirs, ses réelles possibilités, *EN TOUTE AUTHENTICITÉ*, ***est la Septième Clef pouvant conduire au Vrai Bonheur***.

- ***En nous accordant le droit de CHOISIR, et en nous permettant d'EXPRIMER sincèrement*** ce que nous pensons et ce que nous ressentons vraiment, ***"dans l'instant présent"***, sans chercher à blesser, en évitant de faire sans cesse référence au passé ou de nous projeter continuellement dans l'avenir,

nous devenons libres de Vivre totalement
"NOTRE RÉALITÉ",
et nous permettons aux autres de devenir libres de manifester
"LEUR VÉRITÉ".

"Vous Connaîtrez LA VÉRITÉ
*Et **LA VÉRITÉ***
Vous rendra LIBRES."

JÉSUS
(Évangile de Thomas)

6 - L'Action

L'Action, sans crainte, ***dans la Joie d'expérimenter la Vie*** sous toutes ses formes, en toute lucidité, avec conscience que tout est nécessaire ***pour CONNAÎTRE, COMPRENDRE et CROÎTRE, est la Cinquième Clef pouvant conduire au Vrai Bonheur***.

- ***En Agissant AVEC AMOUR***, soit par le Corps, soit par le Cœur, soit par l'Esprit, soit par l'Âme,

"un jour" nous pourrons atteindre la Sagesse.

*Agir en Soi, **par Amour**...*
*Agir pour Soi, **dans l'Amour**...*
*Agir par Soi, **pour l'Amour**...*
Nous permet
*D'agir pour les Autres, **avec Amour**,*
Puisque les autres,
Sont une partie de nous-mêmes.

7 - La Création

La Création, sans hésitation, ***dans le Plaisir de Créer*** pour découvrir nos ressources et nos talents, et pouvoir ainsi ***NOUS "Re-Connaître"***, en prenant conscience de notre réelle valeur, ***est la Sixième Clef pouvant conduire au Vrai Bonheur***.

En Créant PAR AMOUR et en Visualisant [(1)] ***un monde meilleur*** - afin de lui permettre de s'actualiser par l'Esprit Éternel qui œuvre dans le présent, pour que les âmes retrouvent leur corps Lumière - il nous est possible de percevoir la Présence du Divin opérant à travers nous, dans la matière. Alors, notre Foi s'accroît et

nous devenons libres d'Être, d'Agir et de Créer
un monde nouveau, de merveilles et de beauté.

*Prends conscience que **tout ce que tu crées***
Vient de DIEU.
Remercie-Le d'œuvrer à travers toi,
Et n'oublie pas que
La Gloire LUI appartient.

[(1)] *Visualiser, c'est actualiser avec tous les sens. C'est une création concrète, consciente et volontaire, qui a une puissance extraordinaire, car l'imagination est plus forte que la pensée.*

8 - *L'*HUMOUR

L'Humour, sans modération, ***dans la Pure Conscience de jouer un rôle éphémère et illusoire*** sur cette planète, en réalisant que nous sommes, bien au-delà de cette personnalité, un Être Lumineux à l'Image de DIEU, qui a accepté de descendre sur ce plan pour vivre de nouvelles expériences utiles à son éveil, ***est la Huitième Clef pouvant conduire au Vrai Bonheur***.

- ***En prenant la Vie comme un jeu, et en cessant de nous prendre au sérieux,***

nous pourrons nous épanouir,
et accomplir notre tâche dans la joie et la jubilation.

Nous pouvons ***"danser notre vie"***
Avec Humour,
Ainsi nos cellules
Pourront ***"danser de joie"***
Avec Amour.

9 - Le Silence Intérieur

Le Silence Intérieur, sans peur du vide et du manque, ***dans l'Écoute profonde de nous-mêmes et la Prière du Cœur***, en louant Le DIEU qui nous habite, en vivant PAR SA GRÂCE, sachant que le meilleur s'accomplira si nous prenons conscience que c'est le plus sûr chemin qui donne accès à la Rencontre avec Le PÈRE *"en nous"*, ***est la Neuvième Clef pouvant conduire au Vrai Bonheur***.

- ***En écoutant battre notre cœur et en ressentant profondément la Présence de cette Glande Sacrée qu'est le Thymus***, qui contient l'Énergie la plus pure, puis ***en l'activant*** par la pensée et La Lumière,

nous pourrons irradier l'Amour
sur toutes nos cellules et partout alentour.

C'est dans le Silence Intérieur
qu'a lieu la Rencontre
avec la Pensée du Pur-Esprit Créateur.

10 - La Conscience
DE LA LUMIÈRE EN NOUS ET EN TOUT

La Conscience de La Lumière en nous et en TOUT, en accueillant également l'Ombre, sans la rejeter, puisqu'elle fait partie du TOUT, qui est DIEU, ***dans la Certitude que La Lumière est plus puissante que les ténèbres*** - bien qu'elle ait besoin de l'Ombre pour "SE RÉVÉLER" - ***est la Dixième Clef pouvant conduire au Vrai Bonheur***.

- ***En prenant conscience que Nous Sommes Lumière,*** et que R I E N ne peut atteindre La Lumière, puisqu'elle est Indestructible, Incorruptible, Indivisible,

nous réalisons que TOUT NOUS EST POSSIBLE
puisqu' ELLE EST DIEU,
et que nous sommes à La Ressemblance de DIEU.

Prenons pour exemple un couloir noir dans lequel se trouvent trois portes fermées, donnant accès à trois pièces illuminées par le soleil. Ouvrons l'une de ces portes. La Lumière éclairera immédiatement le couloir. Ce n'est pas l'ombre du couloir qui envahira la pièce. Cette image est très parlante et confirme la puissance de **La Lumière qui est plus forte que les ténèbres**.

*La Lumière **EST LUI**.*
*La Lumière **EST NOUS**.*
*La Lumière **EST TOUT**.*
Louons et Bénissons La Lumière !

11 - La Fusion

La Fusion, sans réserve, avec la Pure Présence qui vit en Nous, et l'Essence Divine de la Création qui se manifeste à travers Tout ce qui nous entoure et Tout ce qui vit, ***dans LA CONNAISSANCE et LE RESSENTI***

que **TOUT EST ÉNERGIE**,
que **TOUT EST LUMIÈRE**,
que **TOUT EST AMOUR**,
que **TOUT EST DIEU**,

aussi bien la pierre, la fleur, l'oiseau, l'enfant que le soleil, la lune, la pluie, le vent, ***est la Onzième Clef pouvant conduire au Vrai Bonheur***.

En nous ouvrant totalement à cette Ultime Vérité, d'Unité avec le TOUT, en l'intégrant dans nos cellules,

notre regard sur le monde se trouve profondément modifié,
notre perception de l'Amour devient
Impersonnelle, Inconditionnelle, Universelle.

Dans la fusion,
Il n'y a plus de séparation,
Il n'y a plus de division,
Il y a ***seulement l'UNION***.

12 - L'Expansion

L'Expansion, sans limite, par **"le Recevoir et le Don"** de la Pure Essence, de la Pure Substance, de la Pure Présence, de L'AMOUR INFINI QUE NOUS PORTONS EN NOUS, DU DIEU QUE NOUS SOMMES, ***dans l'Émerveillement de FAIRE UN AVEC TOUT CE QUI EST, est la Douzième Clef pouvant conduire au Vrai Bonheur***.

- ***Lorsque l'Homme aura réalisé qu'il EST DIEU***, que LE PÈRE et LUI SONT *"UN",* qu'il peut unir l'Ombre et la Lumière en lui-même et autour de lui, en développant l'Amour de Lui-même, en se réjouissant de ce qu'IL EST,

il sera en mesure d'expérimenter
l'Amour Impersonnel *"d'âme à âme"*,
l'Amour Inconditionnel *"sans attente"*,
l'Amour Universel *"sans dualité"*,
lui permettant de s'expanser dans l'Univers,
en tant qu'ÉNERGIE DE VIE, et pourra rejoindre L'UNITÉ.

Peut-être serait-il l'heure de prendre conscience
Que ***L'Homme et DIEU sont "UN"*** *;*
Que l'Œuvre du Père, sur Terre, ne peut s'accomplir
Qu'à travers l'Homme ;
ET QUE L'HOMME EST VENU
POUR VIVRE L'EXPÉRIENCE DE DIEU !

Ces Douze Clefs du Vrai Bonheur, **Source de Félicité et de Paix**, sont puissamment magiques. Elles permettent à l'être humain de découvrir le Réel Sens de l'Amour et sa Véritable Dimension, afin de le manifester en toute conscience, et de le voir en TOUT et partout accomplir Son Œuvre d'Enfantement.

L'AMOUR DIVIN S'EXPRIME à TRAVERS TOUT CE QUI EST, il suffit d'ouvrir nos yeux, notre esprit et notre cœur, plus grand, pour Le Ressentir et Le Percevoir bien au-delà des apparences.

Nous avons tendance à le rechercher en des endroits particuliers, à des moments particuliers, à travers des attitudes particulières et dans des circonstances très spéciales.

Mais **L'AMOUR EST PRÉSENT PARTOUT**. Il est LA VIE même et l'Essence même de tout ce qui existe**. IL EST L'ÉNERGIE DE LA CRÉATION. IL EST DIEU OMNIPRÉSENT, OMNIPOTENT, OMNISCIENT.**

L'AMOUR EST
INDESTRUCTIBLE, INDIVISIBLE, INVISIBLE.
IL EST AU-DELÀ DE LA DUALITÉ.
Il revêt des milliards de facettes
pour s'exprimer en nous et en tout.
IL EST TOUT.

Il ne suffit pas de CROIRE EN DIEU.
IL EST ESSENTIEL DE VIVRE EN DIEU
en Devenant le Témoignage Vivant
DE SON PUR AMOUR.

L'Amour est dans la **Réalité de l'Instant Présent**, quelle qu'elle soit…

L'Amour est dans l'accueil de l'**Ombre** comme de la **Lumière**…

L'Amour est dans l'accueil de la **mort** à chaque instant, comme du **Vivant**…

L'Amour est dans l'accueil du **négatif** comme du **positif**…

L'Amour est dans l'accueil de la **peur** comme de la **confiance**…

L'Amour est dans l'accueil de la **tristesse** comme de la **joie**…

L'Amour est dans l'accueil des **pleurs** comme des **rires**…

L'Amour est dans l'accueil du **doute** comme de la **foi**…

L'Amour est dans l'accueil de la **résistance** comme du **lâcher prise**…

L'Amour est dans l'accueil de la **rébellion** comme de l'**acceptation**…

L'Amour est dans l'accueil de la **colère** comme de la **paix**…

L'Amour est dans l'accueil de la **fureur** comme de la **douceur**…

L'Amour est dans l'accueil de l'**ivresse** comme de la **sagesse**…

L'Amour est dans l'accueil de la **dépendance** comme de l'**indépendance**…

L'Amour est dans la **fleur fanée** qui retourne à la Terre, comme dans la **fleur qui**, le matin, **ouvre son cœur à la Vie**…

L'Amour est dans la **pluie**, la **neige**, le **vent**, comme dans les **rayons du soleil** qui nous offrent si généreusement leur chaleur.

L'Amour permet à toutes les dualités de se fondre ensemble pour s'unifier, afin de se dissoudre et d'être transcendées.

L'Amour n'a pas de contraire, pas d'opposé. Il n'est pas divisé. **Seuls les "sentiments"** d'Amour et **les "émotions"** d'Amour ont leurs contraires, qui, bien souvent, s'expriment par des sentiments ou des émotions de peur, de culpabilité, de rancœur ou de haine.

Tout sentiment ou toute émotion a besoin de se fondre avec son opposé pour s'unifier dans le chakra du cœur, là où "Se Vit" la Paix. Ceci s'opère dans ce lieu Sacré qu'est *le thymus,* lieu où demeure la Cellule Maîtresse, lieu où réside la Pierre Philosophale, lieu où tout est alchimisé. C'est à chacun d'œuvrer dans ce sens, en invitant l'énergie qui l'habite (sentiment ou émotion déstabilisant), à s'unir avec son opposé afin de trouver la sérénité.

L'Amour Véritable est au-delà du sentiment et de toute émotion. "IL EST", et prend toutes les facettes pour se manifester et permettre à La Création d'Enfanter à travers la dualité.

L'Amour EST UN ÉTAT INCORRUPTIBLE, que rien ne peut détruire. IL VIENT DU TOUT. IL CONTIENT TOUT. IL APPARTIENT AU TOUT. IL FAIT PARTIE DU TOUT. IL EST TOUT.

IL EST DIEU.

Puissent notre Cœur, notre Esprit et notre Âme,
FUSIONNER DANS CET AMOUR INFINI,
ainsi nous serons
"HEUREUX D'ÊTRE".

Faire de notre Vie
UNE ŒUVRE D'ART
En devenant
Le Témoignage Vivant de
L' Amour Divin,
Afin de Rayonner
La Joie et la Sérénité
Sur notre si belle planète...

NOUS PERMETTRA
DE CONNAÎTRE
LE VRAI BONHEUR
D'ÊTRE.

TROISIÈME PARTIE

COMMENT ... ?

C'est en procurant

du Bonheur aux autres,

QUE L'ON ACCROÎT

SON PROPRE BONHEUR.

COMMENT ... ?

- **L'Écoute Intérieure et La Prière du Cœur**
- **L'Authenticité dans le présent**
- **La Libération de la dépendance**
- **Le Renoncement a l'ingérence**
- **L'Abandon de la culpabilité**
- **Le Contentement de CE QUI EST.**

Comment ... ?

C'est

Accepter **d' Écouter...**
Accepter **d' Être Vrai...**
Accepter **de Se Libérer...**
Accepter **de Renoncer...**
Accepter **de S'Abandonner...**
Accepter **de Se Contenter...**
Accepter **de S'AIMER.**

Comment ... ?

Comprendre et Intégrer que, étant tous reliés dans l'Univers, tout ce que nous vivons personnellement (les événements, les situations, les actes que nous posons, les pensées que nous captons et émettons, les paroles que nous prononçons) a des répercussions, non seulement sur notre évolution, mais également sur l'évolution de l'humanité tout entière, **nous permet d'élever grandement notre niveau de conscience**.

C'est ainsi que notre cœur s'ouvre à une autre dimension de l'Amour, qui devient impersonnel. Nous réalisons que nous ne grandissons plus seuls, mais entraînons avec nous, dans notre trajectoire, des millions d'âmes qui, elles aussi, sont venues sur ce plan pour expérimenter et s'éveiller.

Y-a-t-il plus grand bonheur que de SERVIR l'humanité, en apprenant à ÊTRE HEUREUX, afin que tous nos frères et sœurs de la Terre puissent, eux aussi, connaître la joie et le bonheur d'ÊTRE HEUREUX ?

Plus notre conscience de "SERVIR" s'élève, plus la Conscience de l'Humanité, pour le SERVICE s'élève. Mais n'oublions pas que **LE SERVICE commence *d'abord* par l'alchimie glorieuse de notre être, en réintégrant notre Véritable Identité, qui est Divine**. Là se trouve l'accomplissement du Vrai Bonheur, car ainsi nous permettons à tous nos semblables de réaliser, eux aussi, cette métamorphose, **en vivant PAR LA GRÂCE**, leur nature profonde. Le Créateur "en eux" prend alors TOUTE Sa place, comme Il la prend "en nous"... **C'EST LE SENS RÉEL DE NOTRE VIE.**

En laissant la Pure Lumière accomplir Son Œuvre en nous, sans crainte, sans vouloir, sans projection constante vers le futur, en faisant totalement confiance au programme qu'a choisi notre âme pour s'éveiller, en restant calmes et détendus, nous pourrons accueillir les clefs du bonheur qui nous seront alors confiées.

Il appartient à chacun de choisir les états d'ÊTRE qu'il désire entretenir.

- L'Accueil…
- L'Acceptation…
- Le Respect…
- La Patience…
- La Tolérance…
- La Confiance…
- La Conscience…
- La Vérité…
- La Liberté…
- La Neutralité…
- L'Intégrité…
- Le Détachement…
- La Compassion…
- La Bénédiction…
- L'Amour…

seront toujours considérés comme des états bénéfiques, menant au bonheur de soi-même et des autres.

En revanche,

- *La peur…*
- *La tristesse*
- *La culpabilité…*
- *La haine…*
- *Le mensonge…*
- *Le jugement…*
- *La révolte…*
- *La résistance…*
- *La lutte…*

sont des états d'être qui nous privent du vrai bonheur, bien qu'ils soient souvent à expérimenter pour être accueillis et alchimisés.

- ***En renonçant à la PEUR***, qui nous éloigne de la Confiance, de la Sérénité et de l'Unité...
- ***En renonçant à la TRISTESSE***, qui nous fait perdre la Joie de vivre et le goût de créer...
- ***En renonçant à la CULPABILITÉ***, qui nous place dans le rôle de *"coupable"* et nous détourne de la Vérité...
- ***En renonçant à la HAINE***, qui nous place dans le rôle de *"victime"* et nous empêche de connaître la Paix...
- ***En cessant de MENTIR et de "NOUS MENTIR"***...
- ***En cessant de JUGER et de "NOUS JUGER"***...
- ***En cessant de nous RÉVOLTER*** devant l'évidence du présent...
- ***En cessant de RÉSISTER*** au changement...
- ***En cessant de LUTTER*** contre CE QUI EST...

nous recevons toutes les grâces pour accomplir notre projet initial de vie dans la Sérénité et l'Allégresse.

C'est seulement en devenant
LUCIDES, CONSCIENTS ET RESPONSABLES,
qu'il nous sera possible
de nous épanouir totalement
ET DE TROUVER LA PAIX INTÉRIEURE.

L'ÉCOUTE INTÉRIEURE ET LA PRIÈRE DU CŒUR

- Dans **l'Écoute Intérieure et la Prière du Cœur**, demeure **la Félicité**.

- Dans **le Silence Intérieur**, nous nous sentons reliés à la Source d'Amour Infini, et chacun reçoit ce dont il a besoin pour se rapprocher de Lui-Même.

- Dans **l'Écoute Intérieure**, nous pouvons accueillir toutes les informations et tous les enseignements émanant de La Conscience Divine et communier d'âme à âme avec nos frères et sœurs de la Terre et des Cieux.

- Dans **la Prière du cœur et le Recueillement**, nous fusionnons avec "Les Plans Célestes", et nous obtenons une multitude de grâces qui nous permettent de trouver les réponses à toutes nos questions par la pensée de l'Esprit Saint.

- Dans **le Silence Intérieur** nous sommes invités à mieux nous connaître et à nous connecter avec notre Moi profond.

- Dans **l'Écoute de notre "Petite Voix" Intérieure**, il nous est donné de communiquer avec Le DIEU de notre cœur, et d'avoir accès à

  - *la Véritable **Connaissance**,*
  - *la Véritable **Conscience**,*
  - *la Véritable **Présence**,*
  - *la Véritable **Essence**,*

- *la Véritable **Intelligence**,*
- *la Véritable **Puissance**,*
- *la Véritable **Foi**,*
- *la Véritable **Joie**,*
- *la Véritable **Fusion**,*
- *la Véritable **UNION**.*

Ce qui nous permet de rejoindre

- la **Volonté** Divine
- la **Vérité** Divine
- la **Sagesse** Divine
- la **Paix** Divine
- l'**Amour** Divin et
- **l'UNITÉ AVEC TOUT**.

Comme je l'ai exprimé dans le chapitre "CRÉER", **c'est dans le Silence et l'Écoute Intérieure qu'il y a le plus à RECEVOIR, à RESSENTIR, à DÉCOUVRIR, à COMPRENDRE, à INTÉGRER, à OFFRIR, à BÉNIR**.

C'est dans l'Écoute Intérieure que nous évitons l'éparpillement, la dispersion, et que nous pouvons rester centrés dans le cœur, EN VIVANT PAR LA GRÂCE.

C'est la raison pour laquelle ***l'Écoute Intérieure est LA CLEF LA PLUS LIBÉRATRICE et la plus magique qu'il nous soit permis d'expérimenter, pour "NOUS RESSOUVENIR" de ce que nous sommes, en laissant s'épanouir NOTRE NATURE DIVINE.***

Il est essentiel de garder en mémoire que c'est, en effet, dans ce "retour en Soi", dans ce "voyage intérieur", que se produisent les plus grands bouleversements, les plus belles métamorphoses, et que se manifestent les réelles prises de conscience.

Oui, c'est dans l'Écoute Intérieure, la Prière du Cœur et le Recueillement, que se réalise la plus merveilleuse alchimie de notre **Être, et que SE VIT LA VÉRITABLE RENCONTRE AVEC DIEU**.

En fait, c'est seulement dans "ce chemin intérieur" que LE MEILLEUR S'ACCOMPLIT "en nous", et que les plus grandes bénédictions nous sont accordées.

N'a-t-il pas été écrit dans la Bible :

> ***"Prier en secret..."***
> *"Prie ton Père*
> *Qui est là dans le secret ;*
> *Et ton Père,*
> *Qui vit dans le secret,*
> *Te récompensera."*
>
> (Mt. 6/6)

Combien ces paroles nous révèlent l'importance de ***"La Prière du Cœur"*** et du ***"Chemin Intérieur****... seul vrai chemin qui mène à Soi-même"*[1], dans le secret de notre Être !

Depuis des âges, il nous a été enseigné de **PRIER**. Mais que veut dire au juste le mot PRIER ?

- Ne serait-ce pas avant tout **"UNE OFFRANDE"...**[2] **un élan du cœur vers DIEU**, une communion constante avec CE DIEU DE NOTRE CŒUR, qui sait fort bien ce dont nous avons besoin et ce qui nous convient le mieux ?

- Ne serait-ce pas **"UN LÂCHER PRISE"... une Foi Totale** dans l'accomplissement de l'Œuvre du PÈRE en chacun de nous ?

---

[1] *"Cancer, Mon Chemin de Guérison...", Préface du Docteur Ballesteros, Éd. Arkhana Vox, 2001.*

[2] *"Cancer, Mon Chemin de Guérison... ", Chapitre : "L'Offrande - 4ème clef de guérison qui m'a délivrée de la rancœur et de la haine, et m'a conduite vers la Renaissance de mon Être", Éd. Arkhana Vox, 2001.*

- Ne serait-ce pas, comme le font si bien les oiseaux le matin au réveil, en chantant et en glorifiant Le Créateur, **"UN REMERCIEMENT"... "UNE LOUANGE"**, une manifestation de gratitude, en échange de Ses bienfaits, sachant qu'IL pourvoira à ce qui est nécessaire pour chacun ? *C'est SAVOIR REMERCIER avant d'avoir obtenu.*

- Ne serait-ce pas émettre chaque pensée, prononcer chaque parole et poser chaque action ***"en Conscience"***, propulsés par l'Amour, et faire totalement confiance à La Vie, qui EST LUI ?

Chaque être humain a la possibilité d'entrer en résonance avec La Présence Divine qui correspond le mieux à ses origines, ses croyances, sa religion ou sa philosophie.

Certains s'adresseront à DIEU LUI-MÊME, LE PÈRE, le Seigneur, le Créateur, l'Esprit Saint, le Christ, "en eux", ou à la MÈRE DIVINE, la Vierge Marie ; d'autres préféreront appeler les anges, les archanges ou communier avec Jésus, Bouddha, Mahomet, ou tout autre Être de Lumière, Grand Maître, Sage, Prophète, Saint, cher à leur âme !

Quant à certains autres, ils privilégieront Le Moi Suprême, La Conscience Supérieure, L'Énergie Divine, La Lumière, Le Grand Soi, Le "VIVANT" ou La Vie tout simplement. Qu'importe le choix de la représentation ou de la prière ! DIEU étant OMNIPRÉSENT, IL demeure en TOUS et en TOUT ; ***l'essentiel est d'être ANIMÉS et RELIÉS PAR DES PENSÉES et DES PAROLES AUTHENTIQUES, VENANT DU CŒUR.***

La Véritable Prière du Cœur ne serait-elle pas UN RÉEL ABANDON entre Les Mains de CELUI qui peut TOUT *"en nous et pour nous"*, dans l'accueil serein et détaché DU MEILLEUR ?

Certes, ce n'est pas dans l'agitation, le brouhaha de la vie et la course effrénée vers je ne sais qui, je ne sais quoi, qu'il nous est possible d'obtenir la paix de l'âme et de connaître le pur bonheur.

Il s'agit là encore d'un choix que chaque être humain est amené à faire au cours de sa vie.

Lorsque l'Homme est prêt à s'engager sur le chemin de l'Écoute Intérieure et de la Prière du Cœur le menant à son âme, il s'approche à grands pas de la Félicité.

C'est dans L'ÉCOUTE INTÉRIEURE,
LA PRIÈRE DU CŒUR,
et L'OFFRANDE DE SA VIE,
que l'Homme peut découvrir
SA RÉELLE BEAUTÉ
et
SA VRAIE GRANDEUR.

L'AUTHENTICITÉ DANS LE PRÉSENT

Être authentiques, ne serait-ce pas être capables de toujours poser des actes qui soient en parfaite harmonie avec notre cœur, notre esprit et notre âme ?

Être authentiques, ne serait-ce pas être capables de toujours prononcer des paroles qui correspondent totalement à ce que nous ressentons, à ce que nous pensons et à ce nous désirons dans le présent, sans pour cela chercher à blesser ?

Être authentiques, ne serait-ce pas prendre enfin conscience que **nous sommes des êtres spirituels**, qui ont accepté de descendre sur la Terre pour expérimenter leur humanité, afin de croître en sagesse, dans l'apprentissage de l'Amour impersonnel, en aimant "d'âme à âme" et en se détachant de la personnalité ?

Lorsque nous serons en mesure, *"à chaque instant"*, de répondre **"OUI"** aux questions suivantes, cela en toute vérité, nous pourrons être convaincus de vivre dans l'authenticité :

- Est-ce que j'aime **ce que JE SUIS** ?
- Est-ce que j'aime **avec qui JE SUIS** ?
- Est-ce que j'aime **là où JE SUIS** ?
- Est-ce que j'aime **ce que JE FAIS** ?

Réfléchissons sérieusement aux réponses que nous pouvons donner à ces interrogations. Elles sont le témoignage vivant de ce que nous véhiculons en nous-mêmes.

Pour qu'une action soit productrice et porteuse d'énergie constructive, il est indispensable qu'elle ne soit pas faite par force, sous la contrainte ou par devoir. **La complaisance n'a jamais été un état de pur Amour**, elle émane d'un besoin de reconnaissance et nous conduit à poser des actes qui ne correspondent en rien à nos profondes aspirations, **elle nous fait vivre dans le mensonge, issu de la peur de déplaire**.

De ce fait, il est important de voir clair "en soi", d'être déterminés dans nos objectifs et de cesser de *"faire des pirouettes"* devant les autres afin d'être appréciés ou considérés. L'acte juste, venant du cœur, n'attend rien en retour, il donne tout simplement. Par contre, le mensonge "à soi-même", dans nos choix, nous conduit inévitablement dans la souffrance et la maladie.

L'authenticité dans le présent est la clef primordiale pour exprimer ce que nous sommes.

Elle nous permet de dépasser nos limites et nous rend "LIBRES D'ÊTRE"... Elle nous apporte la sérénité et la joie.

Vivre en toute authenticité nous conduit toujours

- à l'accueil de nous-mêmes et des autres,
- au respect de nous-mêmes et des autres,
- à la considération de nous-mêmes et des autres,
- à la confiance en nous-mêmes et en les autres,
- à la construction de nous-mêmes et des autres,
- à l'Amour de nous-mêmes et des autres.

L'authenticité, la vérité, la sincérité, attirent tout naturellement les mêmes états chez les autres et autour de nous. C'est ainsi que toutes nos relations deviennent *authentiques, vraies et sincères*, et que nous pouvons connaître le bonheur d'avoir des échanges sains, constructifs, emplis de noblesse.

Le CHRIST JÉSUS a dit :

"JE SUIS LE CHEMIN, LA VÉRITÉ ET LA VIE."

(Jn 14/6)

Nous pouvons suivre **"Ce Chemin"**.

Nous pouvons aller vers **"Cette Vérité"**.

Nous pouvons devenir **"La Vie" par LUI**.

AIMONS ... EN VÉRITÉ

SOYONS ... EN VÉRITÉ

VIVONS ... EN VÉRITÉ

Être heureux, c'est comprendre nos peurs et nos doutes, et les accueillir, sans jugement, afin de pouvoir ensuite, *"en conscience"*, y renoncer et s'en libérer.

Être heureux, c'est ÊTRE VRAIS... C'est VIVRE DANS L'AUTHENTICITÉ DU PRÉSENT, face à Soi-même, face à tous nos semblables, face à la Vie, face à DIEU.

L'AUTHENTICITÉ DANS LE PRÉSENT
NOUS REND LIBRES
D'ÊTRE HEUREUX.
C'EST LA JUBILATION !

LA LIBÉRATION DE LA DÉPENDANCE

La dépendance et l'attachement sont les obstacles majeurs de la réalisation, de l'illumination et du bonheur.

Cependant, lequel d'entre nous peut reconnaître, en toute authenticité, ne pas dépendre de quelqu'un ou de quelque chose ou ne pas y être attaché ?

Nous aspirons, pour beaucoup, à devenir des êtres indépendants, autonomes, libres d'être, de penser, de parler et d'agir comme bon nous semble. Mais sommes-nous totalement prêts à assumer *"cette liberté"* ?

Il est indéniable que la société actuelle nous rend de plus en plus dépendants de tout et de tous. Par conséquent, notre attachement ne fait que s'accroître. Nos désirs sont sans cesse exacerbés par cette société de consommation, qui, à tous les niveaux, s'empresse de nous solliciter.

Non seulement nous nous laissons aisément manipuler par les médias, en nous créant de multiples dépendances, telles que tout le matériel informatique à la pointe du progrès, mais nous devenons, malgré nous, attachés à toutes ces nouveautés flatteuses qui nous aveuglent dans l'illusion de L'AVOIR, du POUVOIR et du VALOIR, nourrissant plus encore notre ego.

Que peut signifier cette quête insatiable vers ce que nous appelons *"le progrès"* ? **Imaginons que demain, nous n'ayons plus accès à l'électricité ! Que ferons-nous de ce progrès ?** Bien sûr, il n'y a pas à nier ou à fuir cette nouvelle technologie de plus en plus performante. Elle est utile à beaucoup et permet à l'Homme de prendre conscience de ses immenses capacités.

Néanmoins, comme pour tout ce qui existe, il est vivement recommandé d'en faire bon usage, d'utiliser ce matériel sans exagération, à bon escient et de façon judicieuse. L'excès a toujours nui à l'être humain. Chacun est libre de ses choix. C'est à l'Homme de réfléchir et de voir s'il veut vivre *"en conscience"* dans l'harmonie de tout son être, ou s'il préfère aller jusqu'au bout de ses limites et se détruire.

Quant à la dépendance aux diverses drogues : *alcool, tabac et tout autre substance ou habitude nuisible à la santé*, elle est toujours, "elle aussi", basée sur un profond mal-être, issu d'un manque d'Amour de soi, d'Amour des autres et d'Amour de la vie. Elle est le reflet d'un réel déséquilibre émotionnel, d'une carence affective, générant un vide qui cherche à être comblé et d'une séparation avec DIEU.

Ce manque d'Amour et ce déséquilibre affectif ont toujours existé, mais nous sommes de plus en plus sensibilisés par ces problèmes de dépendance, en raison de la force médiatique qui ne cesse de les évoquer, sans avoir, à ce jour, pu proposer la solution miracle pour y remédier.

Tant que l'être humain ne pourra s'accepter dans sa totalité, avec ses points faibles et ses points forts, et qu'il ne se sentira pas responsable et satisfait de son programme de vie, ainsi que des événements et situations qui se présentent devant lui, il aura beaucoup de difficultés à jouir d'une indépendance de pensée absolue. Il aura tendance à être perméable aux pensées et aux paroles de "L'AUTRE", se laissant ainsi influencer par ceux ou celles qu'il côtoie ou croise sur son chemin, ou, bien souvent par toute source d'information extérieure. Sa confiance en lui étant grandement amoindrie, il aura difficilement accès à sa propre Vérité et hésitera souvent avant de prendre des décisions ou de faire des choix.

L'heure n'aurait-elle pas sonné au grand carillon cosmique, pour que nous devenions des êtres libres d'exprimer ce que nous pensons et ce que nous sommes, sans peur, sans culpabilité, sans réserve, avec conscience et l'Amour de nous-mêmes ?

Accéder à une réelle indépendance, en n'acceptant aucune déclaration qui ne corresponde pas à notre Vérité, et qui n'est pas le fruit de notre expérience, est le premier pas vers la LIBERTÉ RETROUVÉE ***"D'ÊTRE TOUT SIMPLEMENT CE QUE NOUS SOMMES"***.

La libération de la dépendance émotionnelle et affective est la plus difficile à atteindre. Nous sommes dépendants de nos émotions.

En effet, nous sommes tous, plus ou moins, attachés à ceux qui nous sont chers. Nous avons beaucoup de mal à réaliser que personne ne nous appartient, et qu'aimer l'autre, c'est toujours le laisser libre d'être et d'exprimer ce qu'il est, sans chercher à le transformer, à le posséder, à le dominer, à le manipuler, à s'immiscer dans sa vie.

Dès qu'un être que nous pensons aimer profondément nous quitte, pour une autre personne ou pour *"une autre vie"*, soit ici-bas, soit pour se rendre sur un plan céleste, nous sommes effondrés et nous nous sentons perdus. La vie nous paraît vide. L'intérêt d'exister semble nous abandonner et rien n'a plus de sens à nos yeux.

Sommes-nous en mesure de prendre conscience que c'est surtout *"notre attachement"* et *"notre dépendance"* qui nous font souffrir ?

Le vide que crée l'absence nous est souvent insupportable. Cet état d'être, commun à tous les individus, émane de notre résistance à CE QUI EST, et la souffrance qui en découle est relative à l'intensité de cette résistance AU PRÉSENT.

Que ce soit une rupture due à un choix délibéré de la personne avec qui nous partagions des expériences plus ou moins constructives ou un réel chemin de vie, ou qu'il s'agisse de la disparition d'un être cher, ce sont des séparations souvent vécues de façon très douloureuse.

Bien que, pour beaucoup, nous sachions que tout est éphémère et que la mort n'est qu'un passage sur un autre plan d'existence, plus subtile, plus lumineuse et plus belle - surtout si l'âme s'est libérée de sa culpabilité, de ses rancœurs et de sa peur - notre émotion reste vive et notre souffrance intense.

Seules l'Écoute Intérieure et la Relation avec le DIEU de notre CŒUR peuvent nous apporter le réconfort et nous apaiser. L'Amour de CELUI qui vit en nous est en mesure de déposer un baume de douceur sur notre cœur endolori. Lui seul peut combler notre vide. De plus, il nous est toujours possible de dialoguer avec ceux qui nous ont quittés, d'une manière ou d'une autre, en parlant à leur âme.

Il est inutile de toujours chercher *"à l'extérieur"* la clef du réconfort, et de dépendre sans cesse des autres, pour trouver la solution à nos problèmes.

Bien sûr, certaines personnes *"éveillées"* sont cependant en mesure, par leurs paroles de sagesse, de nous faire découvrir et comprendre la valeur de l'épreuve qui nous frappe et le bénéfice que nous pouvons en retirer pour notre évolution. Leur avis éclairé pourra nous apporter une plus grande sérénité et nous amener à poser des actes très judicieux, afin de vivre cette expérience avec une plus large conscience, nous conduisant à l'acceptation et à la Paix.

Par contre, les plaintes et la pitié ne peuvent apporter le réconfort, pas plus que l'ingérence. Elles ne font *"qu'enfoncer davantage le clou qui blesse",* et nous rendent totalement irresponsables, en nous plaçant dans le rôle de *"victimes"* et d'*"assistés"*.

En réalité, personne ne peut mieux comprendre notre chagrin, notre peine, notre souffrance, notre vide, que Cette Présence Divine qui nous habite, CE GRAND SOI que nous abritons.

"Demeurez donc fermes,
et ne vous laissez pas
mettre de nouveau
sous le joug de la servitude."

(Galates 5.1)

Il appartient à chacun d'entre nous d'apprendre à SE RELIER à LA SOURCE DE SON ÊTRE, à SON DIEU INTÉRIEUR, à CETTE LUMIÈRE DIVINE qui brille en lui, lors de toute expérience heureuse ou douloureuse, lors de toute joie, lors de toute peine, lors de toute difficulté, de toute déception, de toute contrariété, de toute épreuve, de toute souffrance, de toute Initiation. Là se trouvent SA FORCE et SA PUISSANCE.

C'est ainsi que l'Homme pourra SE SENTIR LIBÉRÉ DE TOUTE DÉPENDANCE ET DEVENIR "**HOMME - DIEU**".

L'Homme qui a Réalisé Sa Divinité
peut se libérer de la dépendance
à l'égard de tout et de tous.
Il n'appartient qu'à DIEU SEUL.
"IL EST HEUREUX".

LE RENONCEMENT A L'INGÉRENCE

Renoncer à gérer la vie d'autrui n'est pas une mince affaire !

Beaucoup d'entre nous pensent bien faire, en prenant en mains la vie de ceux qui leur sont chers ou qui les entourent, ainsi que de ceux qui leur semblent en difficulté.

Avons-nous réfléchi à ce besoin constant qui nous anime, de poser des actes *"pour les autres"* ? Nous l'ont-ils vraiment demandé ? De plus, en avons-nous la possibilité, tant physique qu'intellectuelle ou financière, et **est-ce juste pour eux comme pour nous** ?

Ce désir évident de contrôler, de diriger, de materner nos semblables, que peut-il cacher ?

Ne serait-ce pas un besoin "inconscient" de maîtriser les situations, de gérer les événements, d'être reconnus, de se libérer d'une culpabilité, de prendre le pouvoir en toute circonstance, de créer et d'entretenir ainsi une dépendance ?

L'ego nous joue souvent des tours. Sous l'aspect *"du service"*, il se régale de prendre position en se sentant considéré, adulé, vénéré, en jouant le rôle de *"sauveur"*.

Il serait temps de prendre conscience que le véritable service n'est pas une course en avant vers les autres.

En effet, n'oublions pas qu'en gérant sans cesse les difficultés et les problèmes d'une autre personne, **nous empêchons cette dernière d'aller jusqu'au bout des expériences auxquelles son âme aspirait pour avancer dans son programme d'éveil.** De ce fait, cette personne sera amenée à rencontrer, à nouveau, les mêmes difficultés, parfois renforcées, pour rejoindre son plan d'évolution.

De plus, en ce qui nous concerne, nous aurons, nous aussi, des retombées douloureuses qui nous conduiront souvent devant des obstacles de toutes sortes, qu'ils soient matériels, affectifs ou de santé. Ces retombées seront là pour nous montrer que nous n'étions pas à notre place et que nous avons interféré dans la réalisation de cette âme, la retardant dans son chemin spirituel.

Les Grands Sages n'encouragent pas l'aumône. Ils attendent que la Vie, DIEU, L'Esprit Saint, leur fasse signe et qu'Il dirige les êtres humains vers eux. **Ils ne s'immiscent jamais dans la vie d'autrui lorsque rien ne leur est demandé, et surtout si cela ne fait pas partie de leur tâche.**

Les âmes éclairées savent que l'ego est malin, qu'il tend des pièges, qu'il joue souvent la comédie, et que l'essentiel est de respecter le projet initial de nos semblables en restant vigilants et neutres face à leur vie.

Les sages sont conscients qu'ils ne peuvent, en rien, interférer dans la trajectoire qu'a choisie une âme ; que, à travers ses difficultés et ses épreuves, cette âme va pouvoir grandir et croître et que ses expériences sont nécessaires à sa réalisation. Ils savent que tout est à la dimension des possibilités et de la force de chacun et que TOUT FAIT PARTIE DU PLAN DIVIN.

En aucune façon, un être *"éveillé"* ne prend position dans une situation, quelle qu'elle soit, d'autant plus si cette situation ne le concerne pas. ***Il est convaincu que DIEU, l'Énergie Divine, habite chaque être humain et que cet être peut trouver en lui la solution à ses problèmes, en puisant sa Force et son Amour au cœur de son Être, en écoutant son âme et en s'unifiant à Cette Présence Divine.***

Le sage ne tient la main que si la tâche l'exige. Ce geste vient seulement d'une aspiration profonde de son âme, d'un élan de pur Amour, et non d'un désir de son mental, de sa personnalité qui cherche la reconnaissance et la gloire. Il agit gratuitement, sans rien attendre en retour. Là se trouve toute la différence.

Cet être reste neutre et vrai, en toute circonstance, sachant que tout ce qui est vécu a son importance.

Il apporte surtout son réconfort et son soutien par sa seule présence, ses paroles bienveillantes d'encouragement, sa compassion, ses prières, et principalement son niveau de conscience et l'Amour impersonnel qui l'habite.

"On n'enseigne pas ce que l'on SAIT.
On n'enseigne pas ce que l'on VEUT.
On enseigne ce que l'on EST."

J. Jaurès

Le sage a compris que l'autre c'est lui, et qu'ensemble, par leurs propres expériences, ils permettent au Dessein Divin de s'actualiser.

Renoncer à l'ingérence,
c'est laisser à l'autre
la possibilité D'ÊTRE et de SE RÉALISER.

L'ABANDON DE LA CULPABILITÉ

La peur, **la culpabilité**, la haine, sont les plus grands fléaux de l'humanité.

Lors de mon premier ouvrage, sur la guérison du cancer, j'ai abordé assez longuement la peur et la haine, considérant ces deux états d'être comme de grandes sources de souffrance et de maladie.

Aujourd'hui, je vais m'attarder davantage sur la culpabilité.

En effet, depuis 1986, année de ma guérison du cancer, au cours de mes nombreuses rencontres avec des personnes en grandes difficultés de santé, principalement atteintes du cancer, j'ai pu constater l'énorme culpabilité que manifestaient ces personnes face à leurs diverses expériences de vie.

C'est alors que j'ai pris conscience qu'**il est essentiel de se libérer de cette culpabilité malsaine, tellement destructrice, qui souvent nous habite**. Si nous désirons retrouver la paix intérieure pouvant nous conduire vers la parfaite santé du corps, du cœur, de l'esprit et de l'âme, l'heure est venue d'abandonner la culpabilité.

Tant que l'être humain n'aura pas compris qu'il est venu sur Terre pour vivre de multiples expériences, choisies par son âme, et qu'ainsi il élargit sa conscience afin d'atteindre la sagesse, en grandissant dans la Compassion et l'Amour pour lui-même et pour les autres, il sera animé de la culpabilité.

Il est urgent de réaliser que nous ne sommes pas cette simple personnalité, qui n'est qu'illusion. Nous existons bien au-delà de cette apparence, très éphémère, en tant qu'Être Divin.

La Vérité est que nous sommes tous issus de La Lumière. L'ÊTRE DIVIN qui vit en nous Est Pure Lumière, Pure Essence, Pure Présence,

Pure Conscience. Il n'attend que *"notre réveil"* pour se manifester. Nous sommes tous entourés de voiles qui nous cachent notre Véritable Identité. Nous ignorons qui nous sommes réellement. Nous avons perdu la conscience de notre appartenance. C'est la raison pour laquelle nous avons tant de difficulté à nous accepter dans notre totalité, ce qui nous mène à la culpabilité.

Nous nous attachons beaucoup trop à ce monde de la matière, qui pourtant depuis des siècles ne cesse de nous *"pétrir"* et de nous *"buriner"* tout au long de notre périple terrestre.

Ces différents rôles, que notre âme a accepté de jouer ici-bas, nous permettent de croître dans une nouvelle conscience et d'accomplir les tâches qui nous incombent. Chaque rôle est juste et orchestré par ce DIEU que nous sommes. Il n'y a pas d'échec, seulement des *"Initiations"* à vivre pour expérimenter la Vie sous toutes ses formes.

Quels que soient les choix que chacun d'entre nous a faits avant de s'incarner (choix qui, pour beaucoup, sont encore inconscients), ceux-ci sont à la dimension de notre âme et de l'Amour qu'elle renferme.

Il a été dit, par certains sages, que *l'on reconnaît le niveau de conscience d'un être humain, à sa capacité d'acceptation de la réalité de l'instant présent, sans révolte mais avec conscience.*

L'acceptation sans résistance est la solution à tout. Elle seule permet la transformation de ce qui EST, car **ce à quoi nous résistons persiste**.

En cette troisième dimension, la souffrance a pris une large place. Les quatrième et cinquième dimensions qui nous attendent, nous offrent, à présent, la possibilité d'**évoluer dans la conscience, en abandonnant définitivement la souffrance**. C'est à chacun de choisir le chemin qui lui convient, car nous sommes tous responsables de notre vie et des expériences qu'elle nous présente.

Chacune de nos souffrances a eu sa raison d'être. Elle représente à elle seule "notre valeur", d'autant plus si nous avons

su *accueillir cette souffrance,* *l'accepter, la comprendre, la bénir et* ***l'OFFRIR à l'Univers.*** C'est ainsi que chaque souffrance peut se transmuter en Lumière et servir à la libération de la souffrance sur la Terre.

"L'Huître" nous en donne le meilleur exemple.

En effet, lorsqu'un grain de sable entre dans la coquille d'une huître, il vient, par sa présence, lui occasionner une grande souffrance.

La première réaction de l'huître ressemble étrangement à celle de l'être humain lorsqu'il est face à une souffrance. Elle commence par rassembler toute son énergie pour lutter contre ce grain de sable, qui est la source de son mal-être, en essayant de le faire sortir de sa coquille, afin de ne plus souffrir. Mais, après des efforts désespérés, qui ne permettent pas au grain de sable d'être évacué, l'huître change de tactique.

Elle se met à accueillir et accepter le grain de sable en elle. Elle abandonne la résistance et sécrète une substance qui va **le transformer en une merveilleuse perle.**

Dans l'essence même qui l'habite, l'huître sait d'une façon intrinsèque que **la perle qu'elle vient de produire ne lui appartient pas.** Cette perle est avant tout destinée *"à nous, les femmes et les hommes de la Terre".*

La magnifique leçon qu'elle nous donne est que, **par l'Énergie d'Amour qui vit en elle, elle a réussi à transformer sa souffrance en UN DON DE TRÈS GRANDE VALEUR que représente "LA PERLE".** Cette alchimie glorieuse, elle l'offre, sans réserve, au règne humain d'une façon impersonnelle.

N'est-ce pas le plus beau témoignage de la Présence Divine en l'huître, révélant Cette Présence en tout ce qui vit ? **C'est cela le Véritable Amour, celui qui donne et qui n'attend rien en retour, en dépassant la petite personne et en offrant TOUT pour l'Humanité.**

Si l'huître est en mesure d'une telle manifestation d'Amour alors qu'elle fait partie du règne animal, comment l'Homme qui, lui, fait partie du règne humain, reconnu comme règne supérieur, ne pourrait-il pas, à son tour, être capable d'offrir toutes ses blessures, toutes ses souffrances, afin qu'elles soient transmutées en Lumière, Lumière qui pourra s'expanser dans l'Univers ?

C'est une question que chacun peut se poser.

C'est un choix que chacun peut faire.

Ne serait-il pas sublime de pouvoir *"OFFRIR AU PÈRE"*, lors de notre départ de cette Terre *(de façon symbolique et virtuelle)*, une immense corbeille remplie de perles, chacune de ces perles représentant chaque souffrance acceptée sans résistance et transcendée dans La Lumière ?

A vrai dire, il y a deux manières de vivre sur ce plan.

La première est de ***VIVRE "DANS LE MONDE" en s'attardant et en se mêlant à tous les troubles, tous les conflits et toutes les tribulations du monde***[1].

Si nous nous laissons contaminer par tous les conflits, qui bien souvent ne nous concernent pas, que ce soit par intérêt, par vouloir, pour le pouvoir, pour le valoir ou pour l'avoir, nous attirons alors inévitablement vers nous la souffrance et la maladie.

La seconde est de ***VIVRE "POUR LE MONDE" en élevant notre niveau de conscience*** afin de laisser s'épanouir notre Nature Divine.

Nous pouvons y parvenir

- *en observant les tribulations du monde, sans porter de jugement,*
- *en restant neutres devant toute situation et tout événement,*
- *en envoyant des pensées d'Amour, et en priant pour la Terre et tous ses habitants, afin que la Conscience de l'Humanité s'éveille, et que la Paix puisse régner sur notre si belle planète,*

---

[1] *Voir bibliographie :* Eileen Caddy, *"La Petite Voix", Éd. Le Souffle d'Or.*

sachant que TOUT fait partie d'un plan d'évolution et a sa place dans l'Univers, bien au-delà de notre compréhension humaine.

L'essentiel est d'ouvrir plus grand notre cœur à l'Amour, pour que cet Amour nous transforme chaque jour un peu plus et nous permette de **ressentir La Présence Divine dans tout ce qui s'accomplit**, afin d'agir avec discernement.

En captant et en émettant des pensées de Fréquences Supérieures, dites Illimitées, nous sortons de la Conscience Sociale qui nous retient dans de basses vibrations. Nous devenons alors conscients de notre déploiement et de notre croissance intérieure.

C'est ainsi que nous nous immunisons contre le grand malaise qui imprègne ce monde si perturbé, et qu'il nous est possible de vivre sans nous sentir touchés ou affectés d'aucune manière par ce qui se déroule sur cette planète.

Il ne s'agit pas d'indifférence, mais bien au contraire d'une ***capacité à devenir libres de créer un nouveau monde, où la Conscience, la Confiance, la Compassion et la Joie remplaceront la peur, le doute, la haine et la tristesse***.

"Une âme qui s'éveille, ensemence le monde."

N'oublions jamais que tout agit en interconnexion et a des répercussions dans le Cosmos tout entier. C'est dans cet éveil de conscience que se situe le Véritable SERVICE.

C'est souvent **en pratiquant l'ingérence** et en nous investissant dans certains rôles que notre âme n'a pas choisi de jouer, que petit à petit, **nous entrons dans une culpabilité,** s'accompagnant de remords et de regrets.

C'est aussi en nous révoltant contre notre plan de vie, principalement lors de certaines expériences qui en font partie, puisque nécessaires à notre croissance et à notre éveil, **que la culpabilité prend naissance**. Elle est issue de notre inconscience, de nos peurs et de nos résistances face au programme initial choisi.

La culpabilité se manifeste lorsque nous avons la sensation d'être jugés par DIEU et séparés de Lui, alors que cela n'est qu'illusion puisque DIEU, en tant que Pur-Esprit Omniprésent, Omnipotent, Omniscient, ne peut juger la Création. Dans Son Amour Infini, Il permet aux Hommes de vivre leur réalité, afin qu'ils grandissent dans la Conscience et la Connaissance de CE QUI EST. Il Œuvre comme des parents qui laissent leur enfant apprendre les leçons de la Vie, en l'observant jouer et poser des actes qui parfois peuvent le blesser.

DIEU PÈRE-MÈRE nous laisse libres d'être et d'exprimer ce que nous sommes. Étant Principe de Vie, Il Connaît notre Véritable Nature. Il Sait que Tout est déjà accompli et que lorsque nous aurons terminé notre périple terrestre, nous regagnerons La Maison du Père, comme l'Enfant Prodigue de La Bible qui, après de nombreuses aventures, revient chez lui et se trouve accueilli, sans jugement et avec joie, dans les bras de son père. Il en sera de même pour chaque être humain qui "acceptera ces retrouvailles avec DIEU". ***L'Amour est plus fort que Tout.***

DIEU EST IMPERSONNEL, IL NE JUGE PAS.
Seul l'Homme se juge lui-même ;
il fait l'expérience du jugement
dans sa nature humaine.

Aussi, nous pouvons choisir d'abandonner cette culpabilité, si lourde à porter, et qui est souvent source de :

- *souffrance*
- *tristesse*
- *angoisse*
- *regrets*
- *détresse*
- *dépression*
- *suicide*
- *désespoir*
- *chagrin*
- *amertume*
- *remords*
- *pleurs*
- *maladie*
- *mort.*

Lorsque nous aurons totalement intégré que **TOUT N'EST QU'EXPÉRIENCES**, et que chacun de nous est venu sur Terre jouer *"plusieurs rôles"* pour évoluer et permettre aux autres d'évoluer, afin d'atteindre le détachement de l'émotionnel, l'humilité et l'Amour Inconditionnel, nous serons en mesure de *"renoncer à la culpabilité"*.

Comprendre et accepter que chaque individu reçoit et vit ce dont il a besoin pour mieux Se Connaître et Se Rapprocher de Lui-Même, nous apporte la sérénité.

Devenir ***"responsables mais non coupables"*** de notre vie, et de tout ce que nous avons été amenés à expérimenter, **en ne cherchant pas à reproduire ce qui a pu blesser**, mais en prenant conscience que, bien au-delà de l'apparence, tout a un sens dans l'Univers et sert à l'éveil de l'humanité, **EST LA CLEF QUI NOUS PERMET DE NOUS LIBÉRER DÉFINITIVEMENT DE LA CULPABILITÉ.**

Cependant, si nous éprouvons encore de la difficulté à gérer la culpabilité, trois possibilités peuvent nous être offertes pour la transformer *(le même processus peut-être utilisé pour toute autre émotion qui demande à être libérée)* :

◊ soit, ***appeler cette culpabilité avec son opposé qui est la liberté, dans le thymus***, afin qu'elles s'accueillent, se reconnaissent, fusionnent et se fondent ensemble pour être alchimisées par l'Amour Divin qui nous habite, et se trouvent ainsi transformées en une Énergie plus subtile et plus pure ;

◊ soit, ***offrir cette culpabilité au DIEU de notre cœur,*** en Lui demandant de la transmuter en Lumière par Son Amour Incommensurable ;

◊ soit, ***demander à l'Archange Mickaël de bien vouloir trancher, avec Son Épée de Lumière, tout lien qui nous raccroche à la culpabilité.*** Sa Puissance est immense, Il opère de très grandes libérations.

L'essentiel est de CROIRE aux demandes que nous faisons, aux paroles que nous prononçons et aux actes que nous posons. TOUT EST DANS LA FOI.

De plus, si nous le désirons, en prononçant chaque jour avec conscience, les paroles suivantes, nous pouvons œuvrer avec bonheur, à la métamorphose glorieuse de notre vie :

Je Suis un Alchimiste Divin.
J'attire à moi toute la substance nécessaire
à la Réalisation de mon Être
et à la Réussite parfaite de toutes mes entreprises.
J'accueille la Joie, la Paix et l'Amour.
Je remercie la Vie pour les enseignements
qu'elle me donne.
Je Glorifie DIEU pour tous Ses Bienfaits.
AMEN

C'est alors que chacun d'entre nous peut **Connaître la Joie de Vivre et le Bonheur d'Exister pour...**

"ENSEMBLE"
AIMER
ET
CRÉER
UN MONDE DE VÉRITÉ,
DE CONSCIENCE,
DE PAIX
ET DE BEAUTÉ.

LE CONTENTEMENT DE *"CE QUI EST"*

La vie ne cesse d'offrir des cadeaux à chacun d'entre nous.

Mais le problème, c'est que nous ne savons pas toujours voir, ni accueillir toutes les grâces qui nous sont accordées par le Ciel.

Pourquoi sommes-nous si souvent ***incapables de RECEVOIR*** ?

Pourquoi préférons-nous donner plutôt qu'accueillir, sachant que dans le don, l'ego se trouve valorisé, alors que dans l'accueil demeure l'humilité ?

Pourquoi avons-nous parfois de la difficulté à dire **MERCI**... ?

- ***Merci*** à la vie...
- ***Merci*** à ceux qui nous donnent le meilleur d'eux-mêmes...
- ***Merci*** à ceux qui nous tendent la main...
- ***Merci*** à ceux qui nous ouvrent leur cœur...
- ***Merci*** à ceux qui ont semé et qui sèment encore aujourd'hui l'Amour sur nos chemins...
- ***Merci*** à ceux qui nous permettent de grandir et d'évoluer...
- ***Merci*** à ceux qui, en soulevant des voiles devant nos yeux, nous invitent à regarder la Vie au-delà de la dualité...
- ***Merci*** à tous les règnes, à tous les éléments et à tous les humains qui nous accompagnent dans ce Divin périple...
- ***Merci*** à la Terre qui nous accueille et nous comble de toutes les merveilles qu'elle produit...
- ***Merci*** au Soleil qui nous réchauffe en nous offrant si généreusement ses rayons...

- ***Merci*** à l'Eau qui nous abreuve de ses bienfaits, permettant à la Vie de se perpétuer...
- ***Merci*** à l'Air qui nous donne la possibilité de respirer et d'exister...
- ***Merci*** au Vent qui chasse de l'atmosphère toutes les impuretés...
- ***Merci*** à l'Univers de nous révéler l'impermanence des choses bien que tout soit relié...
- ***Merci*** aux Plans Célestes de nous dévoiler notre Origine et notre Divinité...
- ***Merci*** à DIEU PÈRE-MÈRE de nous combler de Son Amour Illimité...
- ***Merci*** à notre âme d'ÊTRE CE QU'ELLE EST.

Tant de ***"Merci"*** peuvent être distribués sans compter. ***À nous de le DÉCIDER***.

Cependant :

Combien d'entre nous peuvent reconnaître *"les cadeaux"* qui leur sont prodigués par la vie ?

Combien savent apprécier le fait *de voir, d'entendre, de parler, de sentir, de ressentir, de toucher, de marcher,* alors que d'autres en sont privés ?

Combien se trouvent satisfaits de *"leur présent"*, et ont réalisé que ce dernier leur permet d'expérimenter et de connaître la Vie, afin de la glorifier ?

Combien préfèrent *"s'engluer"* dans le passé ?

Combien *"se nourrissent"* de tous les événements qui les ont blessés ?

Combien *"se gargarisent"* des souffrances qu'ils n'ont pas évacuées ?

Combien *"se complaisent"* à évoquer avec tristesse les expériences qu'ils n'ont pu accepter ?

Combien *"choisissent"* de demeurer dans les rôles *de victimes*, *de coupables* ou *d'assistés*, ayant trop peur de "devenir responsables" et de "s'assumer" ?

Pourquoi craignons-nous parfois de prendre en charge la vie que notre âme a choisie pour s'accomplir pleinement, et devenir la manifestation de ce qu'elle est vraiment ?

"Vous créez toutes les circonstances de votre Vie. Si vous les créez sur le plan conscient, vous en serez conscients. Si vous les créez sur le plan subconscient ou Superconscient, vous n'en serez peut-être pas conscients. ***Vous aurez néanmoins créé ces circonstances.*** *Tous les Maîtres le savent, et c'est pourquoi aucun d'eux ne pointe jamais du doigt quiconque en lui disant : Tu m'as fait cela.* (1)*"*

De qui avons-nous peur, alors que nous sommes continuellement *accompagnés, guidés* et *protégés* par Le Divin qui nous habite ? N'est-Il pas Omniprésent, Omnipotent, Omniscient ? L'avons-nous oublié ? Ne nous suffit-il pas d'Être sans cesse, RELIÉS à LUI ?

"Si en commençant chacun de tes actes,
tu LUI envoies une pensée,
tu te sentiras de moins en moins
séparée de LUI.
C'est cela le but."

Dialogues avec l'Ange (2)

À force de croire que la chance ne nous appartient pas, elle nous file entre les mains. Croire que l'on est malchanceux est le plus sûr moyen d'y rester.

Mais la chance existe-t-elle vraiment ?

(1) *Voir bibliographie :* Neale Donald Walsh, *"Retour à Dieu – Une vie sans fin", Ariane Éditions.*

(2) *Voir bibliographie :* Gitta Mallasz, *"Dialogues avec l'Ange ", Édition Intégrale - Éd. Aubier.*

N'est-elle pas simplement ***la Grâce que nous accorde la Vie dans toute expérience où nous sommes RELIÉS AU DIVIN, UNIS À DIEU***, *à Cette Essence Lumineuse qui n'aspire qu'à nous combler ?*

- **Être satisfaits** de CE QUI EST...
- **Comprendre** que TOUT A UN SENS...
- **Vivre pleinement** dans LE PRÉSENT...
- **Savoir tirer le meilleur** de toute situation...
- **Réussir à intégrer** les leçons que nous donne la Vie...
- **Devenir le Témoignage Vivant** du "JE SUIS" dans l'Amour de Soi...

en ayant conscience que L'AMOUR EST NOTRE EXPÉRIENCE DE DIEU et que C'EST L'ULTIME RÉALITÉ, nous permet d'Être Heureux et de Connaître la Félicité.

L'éloge de Soi-même...

L'éloge de l'Autre...

L'éloge de la Vie...

Nous conduit au Véritable Bonheur d'Exister.

TOUT EST SIGNATURE
DE L'AMOUR.

Ă chacun de se réjouir
De toutes les Grâces
Émanant de Cette Signature.

ÊTRE ... HEUREUX ... COMMENT... ?

1 - S'UNIFIER

S'UNIFIER... quel mot peut mieux traduire cette Alchimie Glorieuse, cette Alliance Divine que l'Homme est appelé à opérer en lui, lors de son passage sur Terre ?

Lorsqu'une âme quitte les Plans Célestes, là où demeure la Grande Lumière, qu'elle descend sur la Terre en passant du *"non manifesté"* où TOUT EST UNIFIÉ, au *"manifesté"*, dans la densité très lourde de la matière qu'est la troisième dimension, elle perd la mémoire de CE QU'ELLE EST.

C'est alors que l'âme a la sensation d'être divisée ; elle se croit séparée de la Source, séparée de DIEU ; sa pensée devient dualisée. Comme elle voit tout de façon double, son regard faussé la conduit vers une illusion de contraires et de polarités. Elle commence à expérimenter *"la dualité"*, qui devient *"son trésor"* d'évolution lorsque sa conscience s'éveille.

Cette dualité lui fait tout percevoir *en oppositions* (telles que *le masculin et le féminin, le bien et le mal*), et l'âme ayant oublié qu'à l'origine elle était androgyne, et ayant perdu la notion d'UNITÉ, est entraînée dans un jugement permanent, qui l'empêche de pénétrer toute chose dans sa réalité essentielle, car elle n'a plus conscience de l'ensemble des données qui lui permettait d'avoir une vision juste[1].

Croyant bien faire, cette âme pense qu'il est indispensable de combattre et de lutter contre ces énergies qui lui paraissent opposées, ces différences, ces dualités, allant même parfois jusqu'à les nier, alors qu'il lui suffit de les accueillir en conscience pour les laisser se fondre ensemble, afin d'en extraire la quintessence.

La véritable tâche de l'Homme sur cette planète est de se placer au-dessus des polarités, de les observer, de les reconnaître et de les amener dans Le Grand Bassin de l'Amour Conscient qui, seul, peut les transcender dans une alliance engendrant une Énergie nouvelle rejoignant l'Énergie Christique qui EST AMOUR ABSOLU issu de DIEU PÈRE-MÈRE.

C'est ainsi que l'être humain permet à tout ce qui lui semble séparé "en lui" (le principe masculin et le principe féminin, l'ombre et la Lumière), et à toutes les oppositions (la peur et la confiance, la colère et la paix, la résistance et l'acceptation, le mensonge et la vérité, etc...) de se réconcilier, de s'alchimiser et de s'unifier au cœur de son Être, dans le thymus, glande sacrée, lieu de la Pierre Philosophale, réceptacle de Ce Divin Nectar qu'est L'Amour Infini *(lieu appelé point neutre ou point zéro).*

Cet alchimiste que devient l'Homme (ou la Femme), accepte ses propres limitations et tout ce qui, en lui, n'est pas encore transformé. Il se donne alors la possibilité de S'UNIFIER LUI-MÊME dans l'Amour de Sa Réalité Essentielle et permet ainsi, en interaction, à l'Humanité de se Réunifier.

---

[1] *Voir bibliographie :* Marie Élia, *"Rencontre avec la Splendeur – Le Pouvoir Guérisseur des Lettres Hébraïques ", Éd. A.L.T.E.S.S. Paris.*

C'est en se guérissant lui-même, en se réconciliant avec ce qu'IL EST, dans la conscience de l'Unité, que l'Homme ouvre le canal de guérison et de réconciliation pour ses frères de la Terre, et rectifie pour toujours les manifestations de séparation[1].

Son Être matière se trouve ainsi spiritualisé par l'Amour de l'Éternel, l'Unique, DIEU PÈRE-MÈRE, *"L'Androgyne Principiel"* [1]. Il réintègre son Corps Lumière. L'Esprit et le matière deviennent "UN". IL EST "LE DIVIN".

AIMER
C'EST DEVENIR CONSCIENT DE L'UNITÉ.
Sans cette Conscience
il n'y a pas d'Amour Véritable.

Il est important d'élargir notre perception de nous-mêmes, en comprenant que chaque difficulté ou souffrance que nous vivons de manière personnelle est en réalité une difficulté ou une souffrance qui appartient à l'humanité, et qu'il serait erroné de se l'approprier.

En fait, nous avons choisi d'expérimenter et de rencontrer ces obstacles pour les dépasser, afin que la nature humaine en soit libérée.

Chacun de nous a, en effet, accepté de prendre une part de cette souffrance d'humanité pour qu'elle soit alchimisée.

Ainsi l'Homme entre dans SON UNIQUE RÔLE DE SERVITEUR.

L'Essentiel est de se souvenir que l'être qui agit ***seulement*** avec sa personnalité, ***par et pour*** son "petit moi", se trouve grandement limité dans sa manifestation.

---

[1] *Voir bibliographie :* Marie Élia, *"Rencontre avec la Splendeur – Le Pouvoir Guérisseur des Lettres Hébraïques " - Lettre Hébraïque : Tsaddé, l'Androgyne -, Éd. A.L.T.E.S.S. Paris.*

En revanche, **l'Être qui S'UNIT à La Présence Divine qui l'habite, Son "GRAND SOI", qui accepte cette Unité avec DIEU et qui la vit pleinement,** sans réserve, dans l'abandon, la joie, l'allégresse, la confiance et la *PURE CONSCIENCE DU "JE SUIS"*, afin de Servir l'Humanité, **a déjà atteint le palier du Vrai Bonheur**.

Cet être éclairé entraîne ainsi avec lui, dans sa trajectoire, tous les êtres qui acceptent, eux aussi, cette UNION AVEC DIEU.

IL SE DÉTACHE DE *"sa petite personne"*
ET PEUT ŒUVRER DANS LE TOUT, POUR LE TOUT.
IL DEVIENT PURE ÉNERGIE DE VIE.
IL EST UNI AU TOUT.
IL SERT LE TOUT.

Ainsi s'actualise son plan de vie et le meilleur est accompli.

S'UNIFIER...
c'est rejoindre l'Essence-même de notre Être,
en quittant la personnalité,
POUR FUSIONNER AVEC LA PURE PRÉSENCE
QUI VIT EN NOUS
ET COMMUNIER AVEC L'AMOUR DIVIN
QUI ANIME TOUTE LA CRÉATION.

2 - RÉINTÉGRER NOTRE VÉRITABLE IDENTITÉ

Nous sommes tous issus de La Lumière et, pour beaucoup, Cette Vérité s'est trouvée occultée.

Lorsque chaque Homme aura réalisé qu'***il est UNE PENSÉE de DIEU,*** qu'***il est RELIÉ à L'ESPRIT SAINT*** et que ***SA VRAIE NATURE EST DIVINE***, tout lui sera possible et le monde entier pourra se transformer.

Comme l'a si bien dit JÉSUS :

"Le Père qui demeure en moi
Accomplit les Œuvres...
Je suis dans Le Père
Et Le Père est en moi...
En Vérité, en Vérité, je vous le dis,
Celui qui croit en moi
Fera, lui aussi, les Œuvres que je fais.
Il en fera même de plus grandes...
Et tout ce que vous demanderez en mon nom,
JE LE FERAI,
Afin que Le Père
Soit Glorifié par Le Fils..."

(Év. Jean 14/12)

Alors n'hésitons pas à Réintégrer notre Véritable Identité. Quittons pour toujours l'illusion de séparation dans laquelle nous baignons depuis des millénaires. Ne sommes-nous pas les enfants de DIEU ?

"DEMANDONS ET NOUS RECEVRONS."

Choisissons avec joie de retrouver notre vraie famille, qui EST DIVINE. Pourquoi nous raccrocher à des chimères qui nous font croire que notre famille est seulement sur Terre ? Respectons cette famille biologique que nous avons choisie ; acceptons-la comme telle, aimons-la totalement dans ce qu'elle représente pour notre éveil ; remercions-la pour les grandes leçons de vie qu'elle nous a données et qu'elle nous prodigue encore aujourd'hui ; bénissons-la de nous avoir permis de devenir ce que nous sommes.

Cette famille terrestre nous a servi de *"tremplin"* pour monter plus haut et aller plus loin. C'est grâce à elle que nous avons franchi des étapes, et que nous avons pu gravir des marches, pour atteindre le palier menant à la Connaissance de Soi-même, découvrant ainsi le bonheur d'Être, de Créer et d'Aimer.

Nous pouvons, avec reconnaissance et beaucoup de gratitude, la glorifier. Qu'elle soit sanctifiée !

En respectant notre lignée terrestre, en l'aimant, en la bénissant, nous respectons, nous aimons et nous bénissons notre Lignée Divine. Notre famille humaine est seulement, sur Terre, l'ambassadrice de notre famille Céleste.

Avons-nous vraiment réfléchi au sens profond de ce qui nous a été enseigné dans la Bible, il y a des milliers d'années, à travers Moïse, dans le 5ème Commandement :

> ***"Honore ton père et ta mère** (...)*
> ***afin** que tes jours se prolongent*
> *et **que tu sois heureux sur la Terre***
> *que te donne le Seigneur ton Dieu..."* ?
>
> (DT 5/16)

En honorant nos parents terrestres, nous honorons nos parents Cosmiques.

Celui qui veut ignorer son Père ou sa Mère se coupe irrémédiablement de la Vie.

"***Honorer nos parents terrestres***, ce n'est pas pour autant les idolâtrer, les aduler, entretenir une dépendance ou se complaire sous leur pouvoir.

C'est avant tout les respecter, les accepter tels qu'ils sont. C'est considérer et aimer leur Être Divin, au-delà de leur personnalité et de leurs actes, en les laissant libres de vivre leurs expériences, sans les rendre toujours responsables de ce que nous vivons.

C'est reconnaître ce qu'ils sont, sans les juger, en demeurant autonomes et en gardant la liberté d'être ce que nous sommes…

L'évolution ne pourra jamais se faire dans le maternage et dans l'assistanat permanents "[1].

En réalité **notre Véritable Père et notre Véritable Mère, sont issus d'un autre plan :**

NOTRE PÈRE COSMIQUE	⇔	***L'ESPRIT***	⇔	**LA LUMIÈRE**
NOTRE MÈRE DIVINE	⇔	***LA MATIÈRE***	⇔	**LA TERRE**

Symboliquement, qui pouvait mieux les représenter ici-bas, que les deux principes masculin et féminin, yang et yin, qu'ont véhiculés et manifestés ces parents que nous avons considérés comme nôtres, ou ceux qui les ont remplacés ?

[1] *"Cancer, Mon Chemin de Guérison…", Chapitre : "La Place de nos parents dans le Corps Énergie", Éd. Arkhana Vox, 2001.*
et voir bibliographie : Simone Pacot, *"L'Évangélisation des Profondeurs", Les Éditions du Cerf.*

En refusant La Lumière, "LE PÈRE", ou notre père terrestre, ainsi qu'en reniant l'Énergie de Vie, la matière, "LA MÈRE", ou notre mère biologique, nous ne pouvons être heureux sur la Terre.

En fait, il serait souhaitable de revoir nos valeurs, et de prendre conscience, une fois pour toutes, que la mission de *"nos"* parents à notre égard n'est pas des plus faciles à accomplir sur Terre.

Souvent, *"nos"* parents se trouvent dépassés et cela les entraîne parfois dans une immense culpabilité. Ils ont *"oublié"* le rôle que leur âme a choisi de jouer, pour nous permettre d'évoluer, ainsi que le vrai sens de *"cette mission"* qui leur est attribuée. Il en est de même pour tous ceux qui nous côtoient, de près ou de loin. C'est la même chose pour *"les rôles"* que nous jouons personnellement, tout au cours de notre vie.

L'ignorance est totale jusqu'à ce que notre conscience s'éveille.

C'est la raison pour laquelle il est temps de

RÉINTÉGRER NOTRE VÉRITABLE IDENTITÉ,

en quittant les voiles de l'illusion, qui nous ont éloignés de LA VÉRITÉ.

Le plus beau cadeau que nous puissions offrir à cette lignée terrestre - que nous croyons nôtre, bien qu'elle ne nous appartienne pas, mais que nous avons malgré tout choisie avant de nous incarner - c'est de la libérer des mémoires et encodages douloureux qu'elle a depuis si longtemps véhiculés.

NOS RETROUVAILLES AVEC NOTRE LIGNÉE DIVINE, AVEC NOS PARENTS CÉLESTES, AVEC NOTRE VÉRITABLE APPARTENANCE, sont les plus grandes grâces qui peuvent rejaillir sur tous ceux qui ont accepté de partager ces lignées humaines avec nous, sur ce plan et sur les autres plans.

TOUT EST UN DANS LE TOUT
ET SE RÉPERCUTE EN INTERACTION
DANS L'UNIVERS.

En Œuvrant pour l'UNITÉ, en nous,
nous Œuvrons pour l'UNITÉ dans le monde entier.

C'est cela qui est Sublime !

Alors, Qu'Il en Soit Ainsi !

***Tout comme le Soleil est l'Époux de la Terre,
et lui permet, en lui offrant sa chaleur,
d'accoucher des Merveilles qu'elle produit…***

**Ces deux forces "PÈRE-MÈRE"
sont, en nous,
à HONORER, à UNIFIER, à GLORIFIER
afin de Vraiment Exister pour Créer
et RÉINTÉGRER NOTRE DIVINITÉ.**

3 - S'EXPANSER DANS L'UNIVERS ENTIER

Quelle plus grande joie, quel plus grand bonheur pouvons-nous connaître que celui d'expanser dans l'Univers Tout Entier Cette Sublime Énergie d'Amour qui nous anime, et que Nous Sommes réellement, au plus profond de notre Être !

Pour ce faire, il nous est possible de pratiquer chaque jour, la *"Respiration Consciente"* expliquée dans l'ouvrage "*Cancer, Mon Chemin de Guérison...*" au chapitre de la Respiration.

Cette Respiration particulière, appelée aussi *"Respiration Tertiaire"*, puisque réunissant - *dans l'INSPIR* - l'Énergie Cosmique (venant du Ciel), l'Énergie Tellurique (venant de la Terre) et l'Énergie de notre Force Vitale (venant du Thymus), nous permet d'être reliés à l'Univers tout entier.

Elle nous apporte une énergie extraordinaire, et renforce notre système immunitaire. Elle accroît considérablement notre capacité à Aimer et à Créer.

Il suffit pour cela :

- **dans l'inspir :**

  - ***d'accueillir en nous***, *(en même temps)* par les deux extrémités de notre corps - dans le thymus, berceau de l'Amour Illimité - l'Énergie du PÈRE DIVIN (Principe masculin) et l'Énergie de la MÈRE DIVINE (Principe féminin),

◊ ***de sentir*** ces deux flux d'Énergie converger vers la région du cœur, au niveau du thymus, lieu de la Grâce (chakra cardiaque), afin qu'ils s'unissent et se fondent à notre Force vitale en dynamisant tout notre être,

◊ ***de retenir notre souffle*** quelques instants, en nous concentrant sur des Pensées Illimitées, de Fréquences Supérieures, d'Amour, de Paix, de Joie, de Confiance, de Vérité, d'Harmonie, de Sagesse et d'Unité,

➢ **puis dans l'expir :**

◊ ***d'expanser*** la somme de Cette Puissante Énergie d'Amour, ***en la diffusant consciemment***, par une visualisation représentant un magnifique feu d'artifice de couleur vert émeraude émanant du thymus et se terminant par la Lumière rose, qui est la couleur de l'Amour Infini, l'Amour Divin.

Cette respiration est à effectuer en sept temps *(inspir + expir) :*

1 - **sur toutes nos cellules**, *lors du premier expir,*

2 - **sur toutes les couches de notre Être** : conscient, inconscient, subconscient, Superconscient et Supraconscient, *lors du second expir,* soit :

- conscient : *plan d'expérience où nous connaissons et créons notre réalité avec une certaine conscience de ce que nous faisons, ceci en fonction de notre niveau de conscience et de notre éveil ;*

- inconscient : *plan d'expérience de toutes les inscriptions anciennes qui sont enfouies en nous ou dans l'Univers, et dont nous ne sommes pas conscients ;*

- subconscient : *plan d'expérience qui se rapporte aux automatismes enregistrés, fondés sur des informations antérieures dont nous n'avons pas la perception consciente (mouvements et réactions du corps ou règles d'éducation, de morale et de sens civique) ;*
- "Superconscient : *plan d'expérience de l'âme où nous connaissons et créons notre réalité profonde avec la pleine conscience de ce que nous faisons..." [1]. Sur ce plan l'âme a conscience des choix qu'elle a faits avant de s'incarner. Elle a accès à son programme de vie. Elle est convaincue de sa tâche ;*
- "Supraconscient : *plan d'expérience du triple niveau de Conscience, appelé également par certains Conscience Christique ou Conscience Supérieure, qui se produit lorsque les trois plans : subconscient, conscient et Superconscient sont combinés puis transcendés. Nous passons alors au* PUR ÉTAT D'ÊTRE*...* [1] ".

3 - **sur toute la conscience familiale et l'inconscient familial**, *lors du troisième expir,*

4 - **sur toute la conscience collective et l'inconscient collectif**, *lors du quatrième expir,*

5 - **sur tous les règnes** : minéral, végétal, animal et humain, *lors du cinquième expir,*

6 - **sur tous les éléments** : terre, eau, feu, air, éther, *lors du sixième expir,*

7 - **sur la planète entière et dans tout l'Univers**, *lors du septième expir ;*

---

[1] *Voir bibliographie :* Neale Donald Walsh*, "Retour à Dieu – Une Vie sans fin", Ariane Éditions.*

◊ ***de demeurer quelques instants "en réception",*** dans la vacuité, calmes et détendus, afin de bénéficier pleinement du retour de l'Importante Énergie d'Amour de tout l'Univers.

Personnellement je ne puis que reconnaître les énormes bienfaits de cette respiration, la pratiquant quotidiennement et constatant l'énergie qu'elle me procure.

De plus, il est bon de nous rappeler que **nous recevons à la mesure de ce que nous donnons**. Tout agit en interaction. Chacun est en mesure d'en faire l'expérience.

Bien que tout soit DON REÇU et DON DONNÉ, rien ne nous appartient dans le Cosmos, même pas Cette Sublime Énergie qu'a choisi d'expérimenter et d'exploiter "LE VIVANT", LE CRÉATEUR, LE DIEU qui vit en nous. *Notre mission est simplement de La Rayonner.*

Cette Énergie vient de La Source Divine, du Non-Manifesté. Elle retourne à Sa Source lorsque la tâche est accomplie.

La personnalité et tout ce qui compose les formes disparaîtront car elles sont *"illusion"*. C'est pourquoi il est essentiel de se détacher de toutes les formes et de cesser d'y faire référence.

Seule demeurera, éternellement Cette Énergie Céleste Omniprésente, Omnipotente, Omnisciente qui est à l'origine de la Création.

Elle	*contient*	LE TOUT.
Elle	*EST*	LE TOUT.
Elle	*EST*	LE "JE SUIS".
Elle	*EST*	L'ÊTRE SUPRÊME.
Elle	*EST*	LA VIE.
Elle	*EST*	LUMIÈRE.
Elle	*EST*	L'AMOUR.
Elle	***EST***	**DIEU.**

Au-delà de tout nom et de toute forme…

"ELLE EST".

Là se trouve l'Ultime Vérité.

TOUT EST LUMIÈRE ET TOUT RETOURNE À LA LUMIÈRE.

Si nous aspirons à la JOIE, à la PAIX, au BONHEUR,
L'Essentiel est d'EXPANSER, sans limite, L'ÉNERGIE
D'AMOUR INFINI qui nous habite, LA PURE LUMIÈRE
qui brille en nous, dans L'ÉMERVEILLEMENT
DE FAIRE UN AVEC TOUT CE QUI EST.

LÀ SE TROUVE LA CLEF DE LA VRAIE VIE.

RÉJOUISSONS-NOUS
D'ÊTRE LUMIÈRE
D'ARRIVER DE LA LUMIÈRE
DE RETOURNER À LA LUMIÈRE
APRÈS L'AVOIR EXPANSÉE DANS L'UNIVERS.

En choisissant
DE RENONCER À SUBIR
ce qui le fait souffrir...
En acceptant
CE QUI EST
sans résistance
dans la Conscience
que tout a un sens...
L' Être Humain
quitte l'enfance
pour devenir adulte...

"IL VIT L'AMOUR."

Être ...

Heureux ...

c'est

- **A**ccueillir *L'Amour*
- **R**essentir *L'Amour*
- **V**oir *L'Amour*
- **É**couter *L'Amour*
- **T**oucher *L'Amour*
- **D**onner *L'Amour*
- **P**artager *L'Amour*
- **E**xprimer *L'Amour*
- **M**anifester *L'Amour*
- **D**iffuser *L'Amour*
- **R**ayonner *L'Amour*
- **E**xpanser *L'Amour*
- **V**ivre *L'Amour*

afin

D'ÊTRE AMOUR

PARTOUT DANS L'UNIVERS

CONCLUSION

❀ **Ê**tre heureux ne serait-ce pas laisser Le DIEU de notre cœur tenir les rênes de notre vie, et Lui donner La Première Place en nous sentant, à chaque instant, UNIS À LUI ?

❀ **Ê**tre heureux ne serait-ce pas faire totalement confiance à CE PRINCIPE DE L'UNIVERS QUI EST LUI ?

- DIEU est l'Origine de la Vie…
- DIEU est la Nature même de l'existence…
- DIEU est l'Énergie Divine Créatrice qui se trouve au sein de toutes choses, de toute émotion, de toute sensation, de toute intention, de toute pensée, de toute parole, de toute action…
- DIEU est l'Énergie pure, absolue, éternelle, parfaite, qui anime la Création…
- DIEU est la totalité et le mystère de CE QUI EST.

Qu'il soit pour nous *DIEU PÈRE-MÈRE, ESPRIT SAINT, LUMIÈRE, CHRIST, SEIGNEUR, ÊTRE SUPRÊME, MOI DIVIN, GRAND SOI, CONSCIENCE ET PUISSANCE SUPÉRIEURES* ou tout autre nom que nous LUI donnons et que nous prononçons, peu importe car IL EST INNOMMABLE, nous attirons toujours à nous l'Énergie Sublime de Sa Vibration, puisqu'IL VIT EN NOUS… QU'IL EST NOUS… QU'IL EST TOUT.

IL EST au-delà de tous les noms, de toutes les formes. IL EST ÉNERGIE DE VIE, SOURCE D'AMOUR INFINI, IL HARMONISE TOUT EN LUI, CAR TOUT EST LUI…

IL EST.

Plus l'Homme prendra conscience de cette Merveilleuse Réalité, et plus il utilisera ses expériences quotidiennes pour s'éveiller à La Présence Divine, en lui et en tout, plus il connaîtra la Joie Ultime "d'ÊTRE".

Sa capacité de bonheur est à la mesure de la qualité de la relation qu'il entretient avec son DIEU INTÉRIEUR.

Le plus heureux des Hommes est celui qui a trouvé le moyen de vivre PAR LA GRÂCE, "en conscience" et "en harmonie", guidé par le *"REGARD DE DIEU" EN LUI.*

C'est alors qu'il aime les êtres et les choses *par DIEU, pour DIEU, avec DIEU, qui VIT EN LUI.*

Il se sert de l'Intelligence Suprême et de la Force Divine qui l'animent pour surmonter ses épreuves et ses difficultés.

Il remet toutes ses entreprises à la Bénédiction de DIEU.

Il a totalement confiance dans l'Éternel. Il sait que ***l'abondance est dans son cœur, tout particulièrement, dans l'Amour qu'il est capable d'accueillir et de partager avec L'UNIVERS.***

Dès l'instant où l'être humain puise son énergie, son réconfort, en CET ÊTRE SUPRÊME qui l'habite, cherchant refuge en Lui, en Cette Source Infinie d'Amour et de Lumière, toutes les qualités Divines peuvent se manifester à travers lui. Il se met à agir en conscience, avec beaucoup plus de vérité, de discernement, de sérénité, et donc de puissance ; ce qui lui permet de mieux utiliser les ressources de son corps, de son cœur, de son esprit, de son âme, et d'avoir accès à la quintessence de son ÊTRE.

C'est ainsi que le vrai bonheur d'exister prend place dans sa vie. Rien ne peut alors vraiment le déstabiliser car il reste "Centré". La peur, la culpabilité, la haine, les rancœurs, les angoisses, les peines, les regrets, les souffrances (qui jusqu'ici l'avaient envahi), bien que lui permettant d'élargir sa conscience, s'évaporent et disparaissent comme par magie. Il entre dans une acceptation consciente et sans révolte du présent, en sachant que tout est déjà accompli et s'actualise dans ses cellules.

L'Homme qui privilégie Son DIEU INTÉRIEUR comme principal interlocuteur, voit sa foi et sa confiance s'accroître de jour en jour, et **VIT PAR LA GRÂCE**.

Sa sagesse "d'ÊTRE RELIÉ" met toujours sa tristesse et ses chagrins à leur vraie place. Elle lui fait prendre conscience de l'impermanence des émotions, des événements, des situations et des choses. Elle lui montre que tout est passager, que rien ne dure, mais que tout est important pour connaître la Vie et s'unir à DIEU, et que TOUT EST PARFAIT dans le Plan Divin.

Alors, pourquoi ne pas Remercier et Louer DIEU, dans les moments joyeux comme dans les moments plus difficiles de notre vie ? Car, lors de ces derniers, notre âme grandit en sagesse et SE RAPPROCHE DE LUI.

Tout Amour sincère trouve sa récompense en DIEU PÈRE-MÈRE.

En donnant davantage de nous-mêmes, en mettant notre intelligence et les dons de notre cœur au service d'autrui, nous serons comblés de grâces et notre vie nous paraîtra bien remplie.

En acceptant de nous transformer intérieurement, chaque jour un peu plus, afin de devenir le Témoignage Vivant de l'Amour et de la Grâce, en laissant œuvrer notre cœur, sans aucune condition, dans *"chaque goutte"* de notre présent, nous aurons accompli l'essentiel et accumulé de véritables trésors spirituels.

Nous avons à découvrir notre responsabilité au niveau des événements et du comportement des autres. Par notre état d'être, nous pouvons agir non seulement sur notre évolution personnelle, en étant porteurs de paix, de joie, de vérité, de lumière, d'harmonie, mais aussi sur l'évolution de la paix, de la joie, de la vérité, de la lumière et de l'harmonie dans le monde entier.

N'hésitons pas à choisir la Vraie Liberté, celle qui nous permet d'être maîtres de notre corps physique, maîtres de nos émotions, maîtres de nos pensées, de nos intentions, de nos paroles, de nos actions, afin que nos instincts et notre intellect ne puissent nous dominer.

◊ **Être libres, c'est refuser d'obéir aveuglément à nos pulsions basses**, nos préjugés, nos croyances erronées, nos attachements démesurés, afin de ne pas devenir les esclaves de nos sens et de nos désirs.

◊ **Être libres, c'est cesser d'accepter le pouvoir des autres agir sur nous-mêmes**, et choisir de toujours poser des actes sans contrainte, émanant du cœur et d'un élan de pur Amour.

ÊTRE LIBRES
C'EST ÊTRE VRAIS AVEC NOUS-MÊMES.

◊ **Être libres, c'est renoncer à fuir les situations**, les événements, les circonstances, les lois, les choses et les êtres, placés sur notre chemin. **C'est assumer pleinement notre existence**, à travers toutes les expériences qu'elle nous invite à faire, en toute conscience, dans la vérité et la confiance.

◊ **Être libres, c'est devenir responsables de notre vie, *en accueillant et en reconnaissant, sans les condamner, tous nos états d'être*** (la peur, la culpabilité, le jugement, la vengeance, la tristesse, la haine, etc...), afin qu'ils soient alchimisés par l'Amour DIVIN qui nous habite, ***en choisissant de quitter*** les rôles de coupables et de victimes et ***en comprenant que tout est nécessaire*** pour l'épanouissement de notre Nature Divine.

◊ **Être libres, c'est vivre pleinement ce que notre âme a choisi d'expérimenter.**

- ◊ **Être libres, c'est réaliser *seulement* notre objectif de vie.**
- ◊ **Être libres, c'est consacrer notre esprit et notre âme à la concrétisation de notre Réalité la plus Sublime.**

La Liberté est dans la vie de celui qui EST TRANSPARENT et qui montre tout simplement CE QU'IL EST, DANS L'INSTANT PRÉSENT.

Il est bon de nous souvenir que nous attirons ce que nous sommes, en raison d'un effet de résonance, de miroir et de révélateur.

Les êtres qui savent aimer attirent dans leur sillage, autour d'eux, les cœurs aimants, bons et généreux. Si le désir d'aimer n'a pas pris place en nous, notre vie ne peut exprimer son véritable sens.

Ceux qui sont purs, sincères, vrais, recherchent la même sincérité chez les autres, tout particulièrement ceux qui sont authentiques et qui possèdent une égale transparence.

Celui (ou celle) qui sait sourire et rire de la vie appelle à lui (ou à elle) le sourire, et sait jouer le jeu de la vie, avec beaucoup d'humour, sachant que **LA VRAIE VIE EST LA VIE DE L'ESPRIT**.

C'est ainsi que l'être qui a trouvé un art de vivre harmonieux, où l'Amour, la Vérité, la Joie et la Liberté ont pris toute leur place, **pourra transformer l'atmosphère où il se trouve par sa simple présence, en irradiant CE QU'IL EST, c'est-à-dire LA PAIX**.

Notre environnement proclame toujours ce que nous sommes dans notre nature humaine, car tout ce qui nous entoure est un reflet de nous-mêmes.

Il a été écrit :

"Dis-moi qui tu fréquentes
et qui se trouve à tes côtés,
et je te dirai qui tu es."

C'est à chacun de réfléchir à ce qu'il recherche vraiment, et de faire des choix qui correspondent à ses aspirations profondes :

- Est-ce l'Union ou la division ?
- Est-ce l'Espoir ou le désespoir ?
- Est-ce la Joie ou la tristesse ?
- Est-ce la Vérité ou le mensonge ?
- Est-ce la Confiance ou la peur ?
- Est-ce l'Acceptation ou la révolte ?
- Est-ce la Tolérance ou le jugement ?
- Est-ce la Sagesse ou l'inconscience ?
- Est-ce la Paix ou la haine ?
- Est-ce L'AMOUR ?

Comme l'a si bien dit Swani Omkarananda, ce Maître de Sagesse Hindou, que j'ai eu la joie et le bonheur de rencontrer en Autriche et en Suisse :

"Voyez vous-mêmes
Par quoi et par qui
Vous êtes attirés.
Vous saurez qui vous êtes."

Ainsi va la vie… Elle nous montre ce que nous véhiculons en nous, dans l'instant présent… La Lumière attire à elle d'autres Lumières et ICI se trouve LE VÉRITABLE BONHEUR DE PARTAGER.

C'est dans les choses simples
QUE SE TROUVE
LE BONHEUR SUPRÊME.

Le bonheur se trouve dans la joie ***de ressentir, de regarder, de s'émerveiller, de toucher, de parler, d'exprimer, d'échanger, de partager, d'agir, de créer,*** **d'AIMER et de SERVIR pour LA GLOIRE et L'ACCOMPLISSEMENT DE DIEU EN SOI…**

- La Joie de CROIRE EN LUI *"EN TOUT"*…
- La Joie d'ÊTRE CONSCIENT DE SA PRÉSENCE *"EN SOI ET EN TOUT"*… afin d'admirer et contempler toutes les merveilles de La Création…
- La Joie de VIVRE POUR LUI, PAR LUI *"EN SOI"*…
- La Joie de Prier, de Remercier, de Louer, de Bénir…
- La Joie d'Offrir le meilleur comme le pire…
- La Joie de Remplir sa tâche sur la Terre…
- La Joie de Se Connaître et de Connaître…
- La Joie de Se Comprendre et de Comprendre…
- La Joie d'Exprimer la Compassion pour soi-même et pour autrui…
- La Joie d'Œuvrer pour le Pardon, la Réconciliation, la Paix, en soi et autour de soi…
- La Joie de s'Éveiller et ainsi d'Éveiller à la Conscience Divine, ceux que la vie place sur son chemin, en les rendant heureux de découvrir "leur ÊTRE VÉRITABLE", ainsi que tout ce qui les entoure, avec un regard d'Amour…

- **LA JOIE D'ACCUEILLIR L'AMOUR ET DE LE MANIFESTER...**
- **LA JOIE DE S'AIMER, D'AIMER ET D'ÊTRE AIMÉ...**
- **LA JOIE D'ÊTRE CE QUE L'ON EST VRAIMENT.**

Toutes ces joies sont à la portée de tous. C'est à chacun de faire ses choix et d'aller vers son dessein.

Chacun peut respirer la vie à pleins poumons, l'Essentiel est **de Se Connaître et de Connaître la Motivation Première de Sa Vie, qui est** ***D'OUVRIR SON CŒUR À L'AMOUR DE SOI ET DE RÉALISER LA DIVINITÉ QUI DEMEURE EN SOI.***

Tout être humain qui a bâti sa vie sur DIEU, en tant qu'ÊTRE SUPRÊME, PUISSANCE SUPÉRIEURE, SOURCE D'ÉNERGIE LUMIÈRE, INTELLIGENCE D'AMOUR INFINI, possède la vraie Liberté, la vraie Joie, la vraie Grandeur, le vrai Bonheur.

Aucune autre liberté, aucune autre joie, aucune autre grandeur, aucun autre bonheur, ne sont comparables à Cette Union Céleste.

DIEU EST LA RACINE DE L'ÊTRE...

SON ***Origine***
SON ***Essence***
SA ***Substance***
SA ***Présence***
SA ***Conscience***
SA ***Puissance***
SON ***Intelligence***
SON ***Existence***
SON ***Bonheur***
SA ***VIE.***

Celui qui perçoit et ressent cette Vérité "en lui" est sur la Voie de la Connaissance et de la Libération.

Il n'existe pas un endroit dans l'Univers, pas une galaxie, pas un soleil, pas une étoile, pas une planète, pas un élément, pas un océan, pas un minéral, pas un végétal, pas un animal, pas un cœur humain, où DIEU, qui EST AMOUR, ne soit présent.

La Valeur de la Vie repose sur les Relations d'Amour entretenues consciemment avec LE DIVIN, en nous et en TOUT, que ce soit dans le visible comme dans l'invisible.

C'est en laissant fleurir et s'épanouir
cet Amour Infini en lui,
et en le manifestant dans la joie,
QUE L'HOMME S'ACCOMPLIRA.

Célébrer Joyeusement

La Vie...

Reconnaître avec Amour...

Le Caractère Sacré
L' Esprit Dieu
La Pure Lumière
La Pure Essence
La Pure Présence
La Pure Conscience
La Pure Intelligence
La Pure Sagesse

QUI NOUS UNIT

à chacun
à chacune
à tous
à tout

EST UNE VÉRITABLE

CLEF DU BONHEUR.

Tout comme le livre *"Cancer, Mon Chemin de Guérison, de la phase terminale à la Renaissance"*, cet ouvrage a été écrit avec mon cœur, et mon âme en a été la plus grande inspiratrice.

Ayant pris conscience de l'importance de la bénédiction(1) dans ma vie, chaque page de ce livre a été bénie.

Chaque phrase a essayé de transmettre ce que l'existence me permet de découvrir, de comprendre et de réaliser à chaque instant de *mon présent*, pour ÊTRE HEUREUSE VRAIMENT. De nombreuses marches me restent encore à gravir, mais l'essentiel n'est-il pas D'AGIR, DE CROIRE ET D'AIMER !

Certes, ce manuscrit peut surprendre ou déranger certaines consciences, principalement celles qui, jusqu'ici, ont exclu la Présence de DIEU dans leur vie.

Ma plus grande aspiration n'est pas de convaincre, mais de déposer en chaque âme une lueur d'espoir et de joie, accessible à tout être humain qui acceptera d'ÊTRE ACTEUR DE SA VIE, en cherchant le bonheur en lui et non à l'extérieur de lui.

C'est en ÉTANT CONSCIENT, tout simplement, DE CE QU'IL EST, SANS JUGEMENT, que l'Homme se transformera et s'épanouira totalement.

L'accomplissement vient "DU DEDANS".

Être Heureux, c'est être "VIVANT" et "CONSCIENT", dans l'instant présent.

L'éminent appel de DIEU adressé aux hommes, en cette période charnière que vit l'humanité, commence à résonner dans la conscience de chacun.

---

(1) *Voir bibliographie :* Pierre Pradervand, *"Vivre sa spiritualité au quotidien", Jouvence Éditions.*

A travers le monde sont diffusés de nombreux messages et d'importantes révélations, de nature à bousculer bien des préjugés et d'anciennes croyances. Chacun peut ainsi, avec discernement, aller vers la Vérité qui s'accorde le mieux avec sa conscience et qui touche le plus profond de son Être.

Puisse chaque homme, de quelque race, philosophie ou confession, à laquelle il appartienne, puiser à travers tous les messages venant de l'Univers, une nourriture sacrée, pour son cœur, son esprit et son âme, en y décelant l'immense espoir de renouveau et de bonheur qui s'en dégage.

Avant de terminer, j'ajouterai que si tout ce qui a été écrit dans ces pages semble difficile à réaliser, il est toujours possible de faire appel "aux Plans Célestes".

En demandant, avec le cœur, à toutes Les Consciences Supérieures de l'Univers demeurant déjà dans La Grande Lumière, que nous appelons, avec respect, *Les Anges, Les Archanges, Les Maîtres, Les Saints* et principalement *au PÈRE, à La MÈRE, au CHRIST, à L'ESPRIT SAINT, à NOTRE GRAND SOI, à LA LUMIÈRE, à DIEU*, de nous inspirer, de nous éclairer, de nous guider, de nous protéger, de nous bénir et de guérir toutes les blessures qui nous empêchent d'avancer, ELLES nous accompagneront dans l'Amour et la Compassion, vers la Réalisation de notre ÊTRE.

Lors de mon voyage en Californie, au Mont Shasta, j'ai réellement pris conscience de *La Puissance de l'Énergie dont nous font Grâce Ces Forces de l'Univers, lorsque nous sommes unis à Elles.*

De plus, au cours de mes rencontres avec tous les Sages Hindous, Tibétains, Bouddhistes, Philippin, et autres - tout particulièrement auprès des Sages Amérindiens, lorsque j'ai vécu quelque temps avec eux, en partageant leurs rituels dans cette joie qui ne les quitte pas -, j'ai été très touchée et émerveillée par le sens du *"Sacré"* qu'ils ont dans chacune de leurs activités.

J'ai également beaucoup apprécié LE GRAND RESPECT que ces Sages ont pour la Vie et la Liberté de chacun. Ils m'ont toujours encouragée à chercher *"Le Maître en moi"* et non *"à l'extérieur de moi"*, et m'ont invitée à garder une indépendance absolue de pensée, en veillant à ne m'attacher à personne ni à aucun enseignement, et à cultiver tout particulièrement la joie.

C'est alors que j'ai réalisé qu'il est inutile de parcourir le monde pour chercher *"un Maître"* qui nous montre *"Le Chemin"*. **Le Véritable Maître est L'ÊTRE SUPRÊME qui nous habite.**

Lui Seul sait qui nous sommes. **Il connaît** notre Origine et ce qui nous convient. Il nous permet de rencontrer, dans la vie de chaque jour, les êtres, les événements, les situations, les circonstances, ainsi que toutes les expériences nécessaires à notre total accomplissement. C'est à chacun de les accueillir, de les reconnaître, de les accepter sans résistance et de ***les Vivre "en Conscience", pour pouvoir en tirer les leçons et croître dans l'Amour***.

OUI, aujourd'hui, je suis convaincue que **le Bonheur est "en Nous" lorsque nous sommes CAPABLES D'ACCEPTER QUE NOUS CRÉONS NOTRE RÉALITÉ,** consciemment ou inconsciemment, en fonction du programme qu'a choisi notre âme pour Se Réaliser.

♥ ***ÊTRE CONSCIENTS*** que, quoi que nous vivions, **NOUS SOMMES UNIS AU TOUT ET RELIÉS A LA SOURCE DIVINE, QUI EST AMOUR...**

♥ ***SAVOIR REGARDER LA VIE AVEC CE REGARD NEUF,*** EN COMMENÇANT PAR NOUS AIMER NOUS-MÊMES POUR MIEUX AIMER LES AUTRES, EN NOUS RESPECTANT ET EN RESPECTANT TOUT CE QUI VIT, **nous permet de trouver le Véritable Sens de notre venue sur Terre, qui est "LA RECHERCHE DE L'UNITÉ" en Nous, avec Tous et en Tout.**

♥ ***CHOISIR D'AIMER*** au-delà des apparences, en demeurant spectateur conscient de la Vie, sans jugement, en restant témoin de tout ce qui se manifeste, et en reconnaissant que TOUT A UN SENS pour l'évolution de chacun, **donne à l'Homme la capacité D'ÊTRE HEUREUX ET DE VIVRE RELIÉ à DIEU**.

La Division n'est qu'illusion. Quelles que soient notre religion, notre philosophie ou nos croyances, **nous sommes tous unis dans l'Univers PAR LE PÈRE, DANS SON AMOUR, car la Véritable Religion** "C'EST L'AMOUR".

L'UNION FAIT LA FORCE.

Alors, En Conscience, Demeurons Unis

DANS LA JOIE DE VIVRE

"EN LUI"

"PAR LUI"

"POUR LUI"

DANS L'AMOUR.

Françoise Gérard

La Vie

prend son Véritable Sens

SEULEMENT

si elle dépasse

notre petite personne

et

si elle sert

à L'Humanité.

BIBLIOGRAPHIE

ET OUVRAGES SUGGÉRÉS

- **ADILAKSHMI OLATI**
  - ◊ *"La Lumière de Mère Meera*
    Dans les pas de Sri Aurobindo"
    Éditions l'Or du Temps

- **ADDINGTON J. et C.**
  - ◊ *"Le Secret de la Guérison"*
  - ◊ *"La Toute Puissance est en nous"*
    Éditions du Dauphin

- **BEERLANDT Christiane**
  - ◊ *"La Clef vers l'Autolibération"*
    Éditions Altima

- **BERTON William**
  - ◊ *"Couleur Énergie"*
    Éditions Colorscope

- **BOURBEAU Lise**
  - ◊ *"Écoute ton corps"*
  - ◊ *"Qui es-tu ?"*
  - ◊ *"Écoute ton corps... encore"*
  - ◊ *"Ton corps dit : "Aime-toi !""*
  - ◊ *"Les 5 Blessures qui empêchent D'ÊTRE soi-même"*
    Éditions E.T.C.

- **CADDY Eileen**
  - ◊ *"La Petite Voix"*
    Éditions Le Souffle d'Or

- **CHEVALIER Jean – GHEERBRANT Alain**
  - ◊ *"Dictionnaire des Symboles"*
    Éditions Robert Laffont / Jupiter

- **CHRISTOPHE**
  - *"Paroles de Lumière"*
    Éditions Fernand Lanore

- **COLLIN Jacques**
  - *"L'Insoutenable Vérité de l'Eau"*
    Guy Trédaniel Éditeur

- ***"DIEU APPELLE"***
    Traduit de l'anglais par Geofranc
    Éditions de la Baconnière

- **DOGNA Michel**
  - *"Élixirs Minéraux et Huiles Dynamisées"*
    Guy Trédaniel Éditeur

- **ECKHART TOLLE**
  - *"Le Pouvoir du Moment Présent"*
    Livre et disques Audio
    Éditions Ariane

- **ÉLIA Marie**
  - *"Rencontre avec La Splendeur*
    Le Pouvoir Guérisseur des Lettres Hébraïques"
    Éditions A.L.T.E.S.S. Paris

- **EMOTO Masaru**
  - *"Les messages cachés de l'eau"*
  - *"L'eau mémoire de nos émotions"*
  - *"Le Pouvoir Guérisseur de l'eau"*
    Guy Trédaniel Éditeur

- **GABOURY Placide**
  - *"Un Torrent de Silence"*
  - *"Vivre Imparfait"*
    Éditions de Mortagne

♦ GÉRARD **Françoise**
◊ *"Cancer, Mon Chemin de Guérison,*
De la phase terminale à la Renaissance"
◊ *"Les 9 Mots Clefs de Guérison"*
Éditions Arkhana Vox - D.G. Diffusion

♦ HALL **July**
◊ *"La Bible des Cristaux"*
Guy Trédaniel Éditeur

♦ HAY **Louise**
◊ *"Transformez votre Vie"*
◊ *"Tu peux guérir ton corps"*
Éditions Vivez Soleil
◊ *"La Force est en vous"*
Éditions Marabout

♦ Dr JAMPOLSKY **Gérald**
◊ *"Le Pouvoir de l'Amour"*
◊ *"Sans peur et sans reproches"*
◊ *"N'enseignez que l'Amour"*
Éditions Vivez Soleil

♦ JONES **Aurelia Louise** - ROBBINS **Dianne**
◊ *"Telos"- Révélations de la Nouvelle Lémurie*
Tome 1-2
Ariane Éditions

♦ JULIEN **Nadia**
◊ *"Dictionnaire des symboles"*
Éditions Marabout

♦ KELDER **Peter**
◊ *"Secrets de Jeunesse Éternelle avec les Cinq Tibétains"*
Éditions Vivez Soleil

♦ KHALIL GIBRAN
◊ *"Le Prophète"*
Traduit par Camille Aboussouan
Casterman

♦ **KRISHNAMURTI**
◊ *"La première et dernière liberté"*
Éditions Stock Plus

♦ ***"LA VIE IMPERSONNELLE"***
Traduction de Hélène Baron
Éditions - Librairie ASTRA

♦ ***"LE CHRIST EN VOUS"***
Traduit de l'anglais par Geofranc
Éditions ASTRA

♦ ***"L'INITIÉ"***
Traduit de l'anglais par G. Godet
Éditions de la Baconnière

♦ **MALLASZ Gitta**
◊ *"Dialogues avec l'Ange"*
Édition Intégrale - Éditions Aubier

♦ **MARLO Morgan**
◊ *"Message des Hommes Vrais"*
Éditions J'AI LU

♦ **Dr MELVIN MORSE**
◊ *"La Divine Connection"*
Le Jardin des Livres - Paris

♦ **MERLIN R. CAROTHERS**
◊ *"De la Prison à la Louange"*
◊ *"Puissance de la Louange"*
Éditions Foi et Victoire
2, chemin du Grand Muveran - CH. 1860 Aigle

♦ **Dr MOODY Raymond**
◊ *"La Vie après la Vie"*
Éditions France Loisirs

♦ **PACOT Simone**
◊ *"L'Évangélisation des Profondeurs"*
Éditions du Cerf

♦ **PRADERVAND Pierre**
◊ *"Vivre sa spiritualité au quotidien"*
◊ *"Plus jamais Victime*
Victime ou Responsable : je choisis"
Éditions Jouvence

♦ ***"RAMTHA"***
Éditions ADA

♦ **REDFIELD James**
◊ *"La Prophétie des Andes"*
Éditions Robert Laffont

♦ **RENAUDIN Gilles**
Concepteur et Réalisateur de textes illustrés
Poèmes offerts pour ce présent ouvrage
Pour information : Tél. : 33 (0)2 40 99 38 35

♦ **RUIZ DON Miguel**
avec la collaboration de Janet Mills
◊ *"Pratique de la Voie Toltèque"*
Jouvence Éditions

♦ **SCHMIDT K.O.**
◊ *"Le hasard n'existe pas"*
Éditions ASTRA

♦ **Dr SIEGEL Bernie**
◊ *"L'Amour, La Médecine et Les Miracles"*
Éditions Robert Laffont
◊ *"Messages de Vie - De l'Amour à l'Autoguérison"*
Éditions J'AI LU

♦ **SPALDING T. BAIRD**
◊ *"La Vie des Maîtres"*
◊ *"Ultimes Paroles"*
Éditions Robert Laffont

♦ ***"ÉVANGILE SELON THOMAS"***
Traduction : E. Gillabert - P. Bourgeois - Y. Haas
Éditions Dervy Livres – Métanoïa

♦ **WALSCH Neale Donald**
- *"Conversations avec DIEU" - Tomes 1 - 2 - 3*
- *"L'Amitié avec DIEU"*
- *Communion avec DIEU"*
- *"Retour à DIEU"*
- *"La Petite âme et le Soleil"*

Ariane Éditions

**Les pages de ce livre
ont été imprimées
sur du papier non blanchi au chlore.**

♦

Achevé d'imprimer sur les presses de l'Imprimerie BARNÉOUD
B.P. 44 - 53960 BONCHAMP-LÈS-LAVAL
Dépôt légal : juin 2008 - N° d'imprimeur : 805089
Dépôt légal : décembre 2009 - N° d'imprimeur : 911014

Imprimé en France